10の住まいの物語

八島建築設計事務所
八島正年・八島夕子

はじめに

仕事を始めてしばらくの間、自分たちが設計した建物が完成すると嬉しくて、施主に引き渡す前のまっさらな状態で竣工写真を撮ってもらっていたことが懐かしい。自分たちのこだわったディテール（詳細な納まり）や金物、照明などをできるだけスッキリとした状態で記録に残したくて、建築写真家に依頼して竣工写真を撮影してもらっていた。当時はポジフィルムでの撮影が主流で、１枚撮るのにも手間と時間がかかり失敗するわけにもいかないので、部屋の全体像が見えて空間の繋がりがわかるように、構図を厳選しながら朝から晩まで何時間もかけて撮影していた。今考えると、引き渡し前のガランとした空間を何故そんなに必死に記録していたのだろうと思うのだけれど。当時の自分たちが人の気配や家具、調度品のない空間を好んで記録していたのは、リアルな「住まい」ではなく、素の状態の「建築」そのものにより興味があったからなのだと思う。

その後、徐々に竣工物件が増えていく中、新規の設計相談にいらした方への具体的な例として、このような生活感のない竣工写真では「こんな雰囲気で暮らせます」というイメージが共有されにくいと感じることが多くなっていった。考えてみると、設計を始めたばかりの頃に手がけた小さな保育施設を撮影した時は、がらんどうの状態ではなく、建物の中で実際に子供たちが遊んでいる風景の写真を撮ってもらうことで、スケール感や生き生きとした空間をわかりやすく表現できていたと思う。人が使いこなしている様子が見えてくることで初めて建物の本来の姿を伝えられるとわかっていたはずなのに、いつしか「建築を表現するための写真を撮らなくては」と考えるようになっていたのかもしれない。

最近では、竣工したばかりの状態を慌てて撮影することも少なくなり、住まいとして少し時間が経ち生活が馴染んできた頃に撮影をお願いすることが多くなった。椅子やテーブルなどが入り、絵や写真が飾られ、樹木が成長し、住み手の暮らしぶりがなんとなく感じられる写真の方が、住まいとしての本当の魅力が伝わりやすい。

また、自分たちは普段から手描きのスケッチを描いている。「この窓から庭の紅葉が見えて、その先にベンチがあって……」「リビングのこの辺りにソファーを置いて、食卓には大きなペンダントライトを吊って……」「木漏れ日がソファーにかかってお昼寝には居心地のいい場所に……」と暮らしの風景を想像しながら、設計と同時にスケッチをおこしていく。具体的な生活が描かれるからこそ、このスケッチは図面や模型を読み取るのが苦手な施主の方々からも「イメージしやすい」と喜ばれる。嬉しいのは、建物が建った後に「本当にスケッチと全く同じ空間ができるんですね」と言われることだ。

今回、この書籍をつくるにあたって、改めて自分たちの設計した建物を「どうやって伝えようかな」と思案したとき、設計をした自分たちの目線だけでなく、初めて建物を訪れたライターさんに聞き出してもらった施主家族の気持ちや暮らし方のインタビュー、空間よりも暮らしぶりに寄った日常生活の写真、そして設計者による解説と、建築図面よりもイメージしやすいよう、細かな調度品なども描き込んだ立体的な俯瞰図といった、色々な視点から住まいの魅力を伝えることで、より分かりやすいものになるのではないかと考えた。建築の専門家だけでなく幅広い層の方に手に取っていただける本になったのではないかと思う。

この本から10の住まいと10の家族、それぞれの暮らしや物語を感じていただき、あたり前のように日常を過ごしている住まいや、そこでの暮らしについて考えてみるきっかけになると嬉しい。

八島正年・八島夕子

目次

写真 鍵岡龍門
文 長町美和子
文（コラム） 八島正年
文（事例解説） 八島建築設計事務所
イラスト 八島夕子
デザイン 三上祥子（Vaa）
印刷 シナノ書籍印刷

森の中の図書館

06

かつてこの場所にあった雑木林に思いを馳せて、野鳥がやって来る自然な庭をつくった。

大地に身を沈め、生き物の気配を間近に感じる家。

壁を埋め尽くす本と膨大な文具コレクションに囲まれて時間がゆっくりと過ぎて行く。

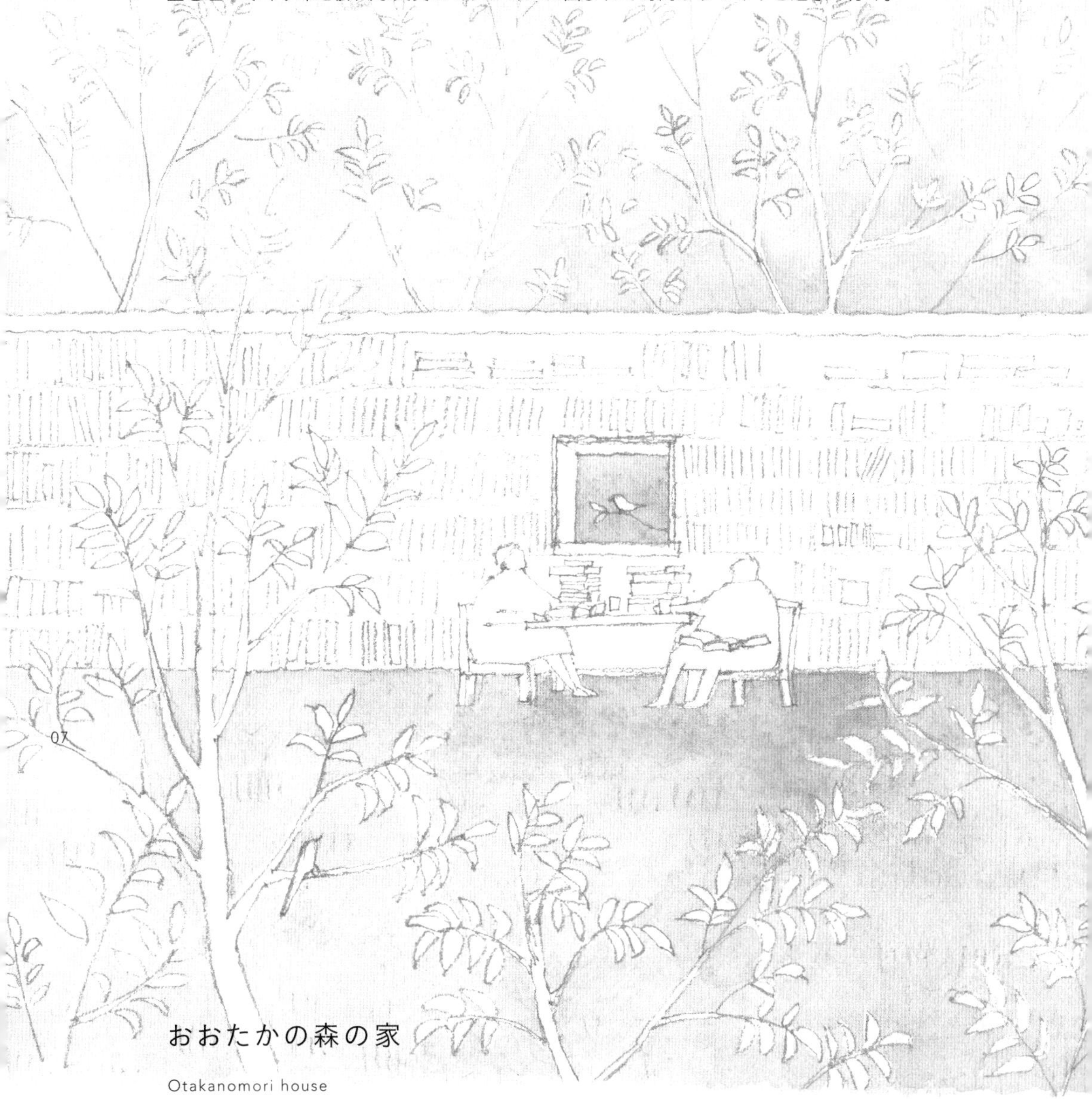

07

おおたかの森の家

Otakanomori house

鳥が来るのは、溜まりのない通り抜けできる庭。道路から玄関まで建物の周囲をぐるりと歩くうちに、自然に半地下に導かれる仕組みになっている。

リビングの床は地面から70センチほど低いレベル。コーナーに位置する柱のない横長の開口部は開放感いっぱいで、目の前の下草や池に手が届きそうな気分。

玄関を抜けると
窓から零れそうな緑と
沢山の本が出迎える

ゆるゆるとアプローチを下り、さらに玄関から2段下がったリビングで庭を眺めていると、木漏れ日の中で地面を這う生き物の気持ちになってくる。

「さっき、キジバトのカップルが来てたんですよ！」と嬉しそうな顔で真っ先に言うのは八島さん。「あれはヒヨドリ用のリンゴ、向こうはシジュウカラの巣箱。この辺の鳥は、食べ物がいいせいか都会の鳥よりスタイルがいいんです」。そう、この家は八島さんが熱心な野鳥ファンになるきっかけを与えた家である。

本と野鳥と文房具

大学教員のHさん夫妻が、流山市内で開発途中の土地を購入したのはかれこれ10年近く前のこと。区画整理に思わぬ年月がかかり、最初に八島さんを訪ねてから数年の間が空くことになった。夫妻が新居に望んだのは、膨大な量の本を収められる本棚と、鳥を眺めるための庭。参考資料として『野鳥を呼ぶための庭づくり』という本を手渡された八島さんは、じっくり勉強するうちにHさんたちも舌を巻くほどの鳥好きになってしまった。

壁を埋め尽くす本のほとんどはご主人のもので、子供の頃に読んだ児童書やコミックスから近代文学、古典文学、美術・建築、歴史、民俗学、自然科学……ありとあらゆる分野の本が揃っている。専門である物理学の本や、奥さまの原子力工学関係の本はそれぞれの大学の研究室に置いてあるので「家にあるのは趣味のものばかり」なのだが、鉛筆愛好家であるご主人ご自慢のファーバーカステル社の文具コレクションはちょっとした資料館が開けるほどで、並んでいる本やモノを見ていると飽きることがない。

「この本の量なので、ハウスメーカーの家じゃとても収まりきらないだろうと思ったんです」と夫妻。建築本を山のように買い込んで、造り付けの本棚が印象的な家、玄関から庭にか

右／周囲よりも低く抑えられた建物。まわりの環境の変化に影響を受けないよう、塀と庭の木々で包み込んだ。左／庭には鳥が集まるよう実のなる木が植えられている。

上／よく遊びに来るキジバトのカップル。下／ご主人はファーバーカステル社製文具の日本有数のコレクター。これはネットオークションで購入した19世紀の鉛筆。

けての雰囲気がいい家を互いに選び合う中で、複数票を集めたのが八島さんたちの建てた家だった。

では、本と同じくらい重要だった「野鳥が観察できる庭」への思いは、どこから生まれたのか。それを語り始めると夫妻は大学の先生から小学生に変身してしまう。「流山の借家に引っ越してきてすぐの頃、知らない鳥が2羽で小枝を拾っていたんです。こんな近くに鳥が歩いてる！ってドキドキしました。くちばしと足が黄色くて、調べてみたらムクドリだったんです」と奥さま。鳥を調べると、今度は木に関心が行った。冬に鳥が食べる実のなる木、乾燥地に生える木、湿地に生える木、日陰が好きな木——。「調べていくと、この地域にはどんな樹種が合うのか、この木だったら庭のどの辺に植えたらいいか、考えるのが楽しくなって。生態系って面白いなぁ！って」。

区画整理前、敷地の裏には素敵な雑木林があったそうだ。大人が2人で抱えられないほどのエノキの大木が生えていたのだが、残念ながら伐られてしまった。「考えてみれば自分も木を伐った一味なんですよね。で、償いじゃないですけど、庭にエノキを植えることにしたんです」。流山市の広報に、もともとこの土地の照葉樹林をつくっていたのはシイ、カシ、タブだったと書かれていたので、その3種も植えた。

森の中の図書館

そんなわけで、なるべく手を入れない自然の庭を望んだ夫妻に八島さんが提案したコンセプトは「森の中の図書館」だった。

「リビングの目線を下げたのは、外との関係を近づけるためでもあるし、建物のボリューム

右／リビングにはアート関係の本と文学全集が並ぶ。左／鳥を観察する時のお気に入りの場所で。リビングの段差はちょっと腰掛けるのにちょうどいい。

ダイニングの天井はラワン板張りで低く抑え、落ち着く雰囲気に。左手奥のガラス戸棚にはぎっしりと文具コレクションが陳列されている。

「地下を掘った分、あまり籠もってしまいたくなくて、リビングの天井を高くした」と八島さん。２階左手の寝室の窓から吹き抜け越しに庭が見下ろせる。

を抑えるためでもありますが、いちばんは、将来周りに何が建っても影響を受けにくいように
と考えてのことです」と八島さんは言う。

　最初にこの土地を見に来た時と、区画整理が進んでからではイメージが大きく変わっていた。竹藪も林もなくなって、たぶん、この家が建った後もすごい勢いで町ができていくに違いない。

「それなら、ある程度は自分で環境を守って行かなくては、と思ったんです」。ふつう道路面から30センチほど上げて建てるところを、この家は70センチ沈めて低めの塀で囲むようにした。

「将来、庭の木々が育つにつれて建物がだんだん見えなくなっていくでしょう。僕たちはそれでいいと思っているんです。雑木林に隠れている家の方がご夫妻には似合ってる。住むところは欲しいけれど、建物の形自体はそんなに大事じゃないと思う」


　鳥が来る庭にするには、溜まりをつくらず、通り抜けできるような長いルートをつくらなくてはならない。庭の面積が大きくなると、メンテナンスのために歩く場所が必要になってくる。

「どうせなら、アプローチとして毎日歩きたいな、と。見て楽しむ、触って楽しむ庭にしたい。レベルを下げるなら、歩きながら知らないうちに半地下に導かれた方が自然でいいでしょう」。

玄関の位置が奥の方になったのは、そんな理由があってのことだ。

　そのアプローチの途中につくられた池の存在も非常に大きい。「最初は、蓮の花を咲かせたくて、借家の玄関先に鉢を置いたのがきっかけだったんです。その時、蚊がわくかもしれないから金魚を飼ったら、と妻が言うものですから。そしたら、もう蓮の花なんかどうでもよくなってしまった（笑）」とご主人。

　池が完成した時、造園の人が実験的に放したメダカにも見事にハマった。メダカの次はドジョウを6匹「導入」した。その後、イモリも3匹買ってきたのだが、「池に入れたら5分でパ

右／野鳥が過ごしやすい地形をつくるために庭の隅に築山を設け、その下に池をつくった。左／2階の寝室と浴室の間を結ぶ洗面室。2階の床はすべてフラットに連続している。

上右／コレクション棚の前の席がご主人の定位置。鉛筆への愛を語り出すと止まらない。上左／昔の文房具店で使われていた什器もコレクションの対象。下右／玄関の三和土の向こうは書斎。下左／ご主人自慢の宝物の山。

お気に入りの家具と
思い出の本に囲まれる
心豊かな時間

キッチンカウンターの下にはご主人が子供の頃に読んだ児童書のコーナー。テーブルや椅子は木工の展示会で一目惚れして購入したそうだ。

ッといなくなっちゃった」。今は卵を持った金魚のメスをオスから守るために気を配る日々。家に帰ると、まず池の様子を見て、餌をやる。夜になると懐中電灯を持って二人でドジョウを観察しに行く。「夜行性なので」「光を当てるとびっくりしちゃうから、間接光でそーっと」。実に微笑ましい。

家に居ながら森に住む

生き物の気配に囲まれた「森の図書館」の内部は自由に歩き回れるように回遊式になっている。玄関を入って両端に書斎とリビングを置いてコーナーを開き、本棚のための壁を巡らせると、必然的に水回りや階段が真ん中に集まるコアができた。東と南の2面に連続するリビングの窓は、まるで水族館の大水槽のようだ。その床が地中に沈んでいる分、白い吹き抜けがスコーンと高く感じられ、吹き抜けに面した2階の寝室からはリビングの窓越しに池の金魚たちを見下ろすことができる。

「一人の時は、食卓に座ってずっと鳥を見ているんです」と奥さま。「最初にスズメが来て、次にキジバトが来て、昼になると誰も来なくて、3時を過ぎるとヒヨドリがやってきて、夕方にはいろんな鳥が最後の空腹を満たしにやって来て、日が暮れて、みんな寝に行っちゃう。見てると一日が終わる（笑）。何より神経が休まります。そんな時、あぁ、本当によかったなぁって思うんです」。

ドジョウが気絶した時のこと、鉛筆の話、『いやいやえん』の思い出……夫妻のお話は尽きない。ピアノコンチェルトが静かに流れる昼下がりのリビングで、ここに座り込んでずっと本を読んでいたいと無性に思った。いつかぜひ、ブックカフェを開いていただきたい。

右／懐かしい背表紙に思わず顔がほころぶ。左／書棚は、単行本、洋書、文庫など、それぞれのサイズに合わせて浅くつくってもらった。

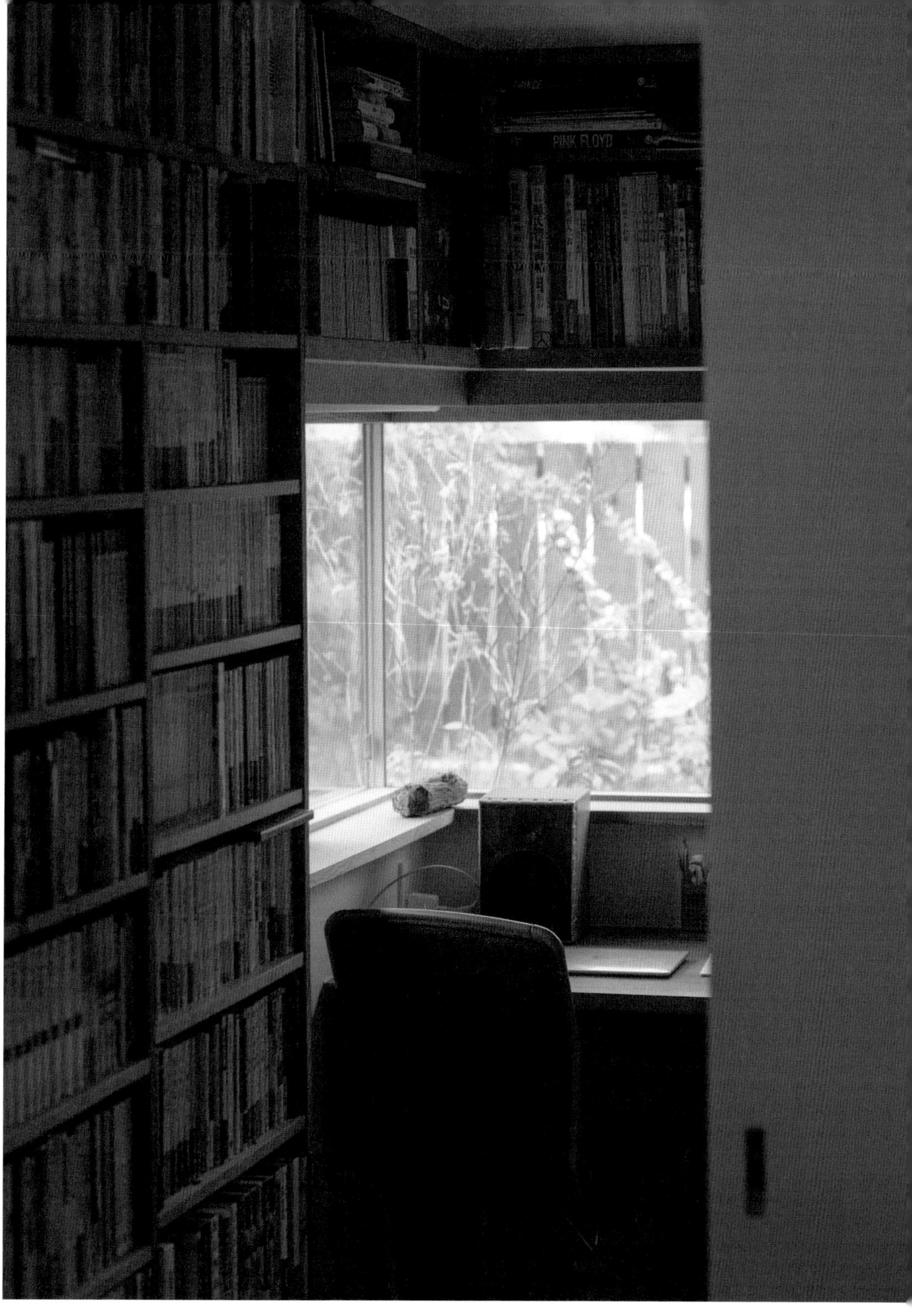

夫妻の書斎もリビング同様コーナーを抜いて庭との一体感が得られるようになっている。

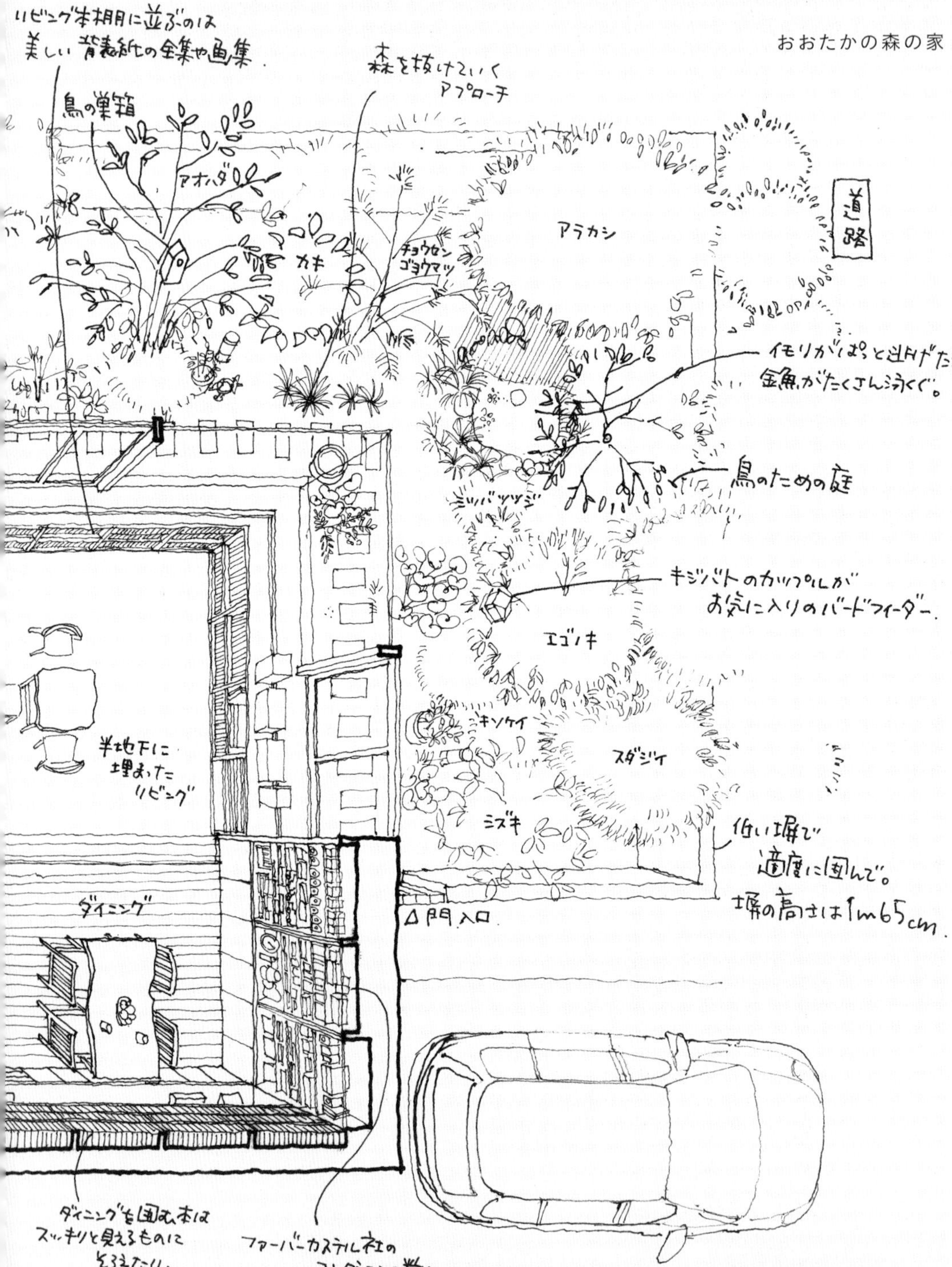

リビング本棚に並ぶのは
美しい背表紙の全集や画集。
鳥の巣箱
森を抜けていく
アプローチ
アオハダ
カキ
チョウセン
ゴヨウマツ
アラカシ
道路
イモリがぱっと出現した池。
金魚がたくさん泳ぐ。
鳥のための庭
ミツバツツジ
キジバトのカップルが
お気に入りのバードフィーダー。
エゴノキ
キンソケイ
スダジイ
ミズキ
半地下に
埋まった
リビング
低い塀で
適度に囲んで。
塀の高さは1m65cm。
門入口
ダイニング
ダイニングを囲む本は
スッキリと見えるものに
そろえたり。
ファーバーカステル社の
コレクションの数々。
鉛筆削り器や万年筆のヴィンテージ品ばかり。

1階俯瞰図

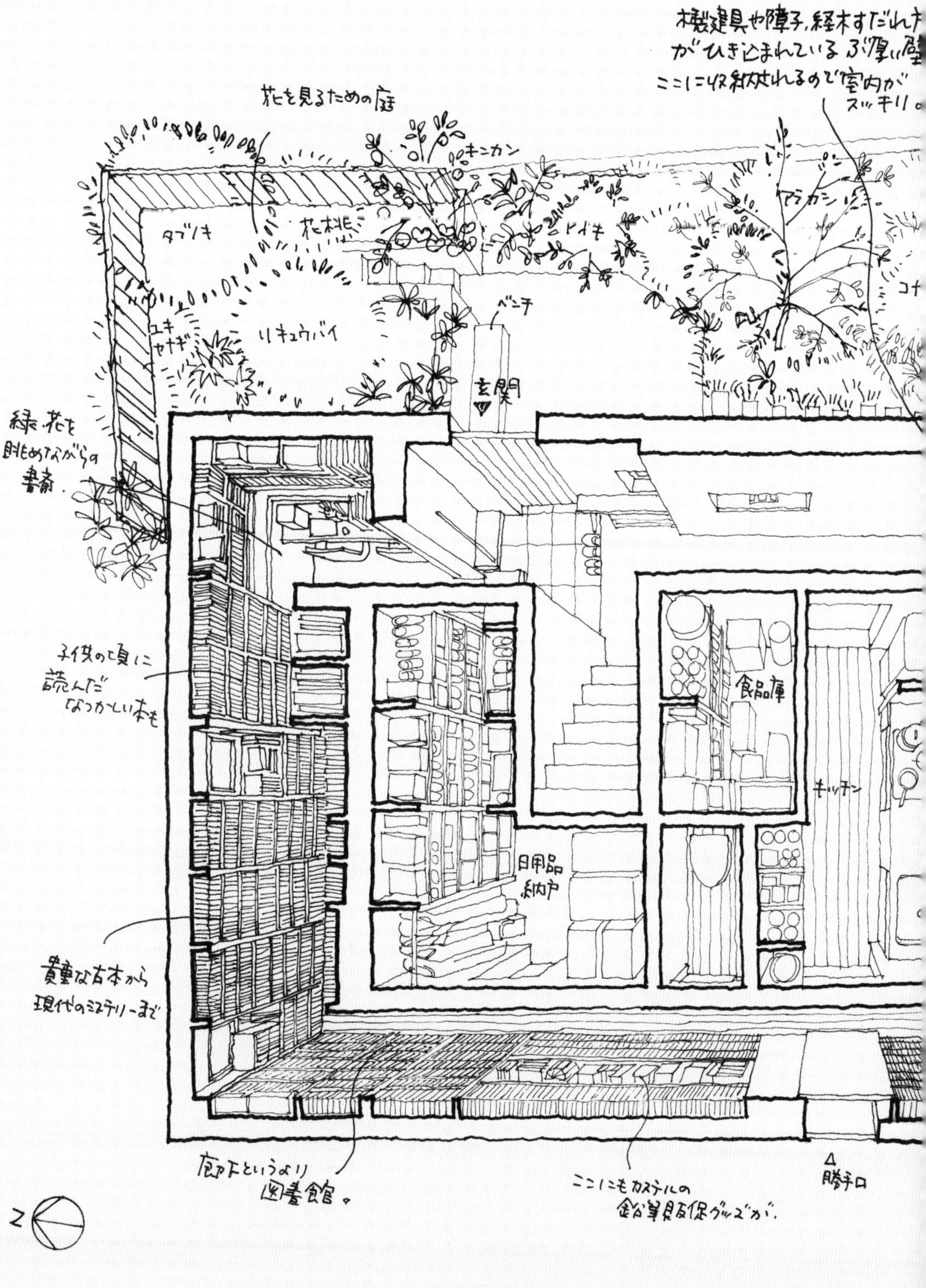
襖建具や障子,経木すだれ
がひき込まれているぶ厚い壁
ここに収納されるので室内が
スッキリ。
花を見るための庭
キンカン
タブノキ
花桃
トイキ
アラカシ
コナ
ベンチ
ユキヤナギ
リキュウバイ
玄関
緑・花を眺めながらの書斎。
子供の頃に読んだなつかしい本も
食品庫
キッチン
日用品納戸
貴重な古本から現代のミステリーまで
廊下というより図書館。
ここにもカステルの鉛筆関係グッズが。
勝手口
N

住まいの濃淡

かつて大鷹が棲んでいたというその地域は大きな木々や畑、土のままの道が残る田園風景から、整備された住宅地へと大規模な開発が進み、この10年で景色が様変わりした。そのような土地に「植物と野鳥の観察が楽しめ、膨大な蔵書とアンティーク文房具の展示と保管ができる家をつくってほしい」というのが施主からの要望だった。本はいつでも手に取りやすい場所に収納し、どこにいても鳥のさえずりが聞こえる……。イメージしたのは森の中にある図書館だった。

当初周辺に残っていた木々は切り拓かれ、道路と宅地に変わってしまったため、野鳥を呼ぶには庭のつくり方が重要になると考えた。野鳥は適度に密集した緑と滑空のしやすい長いスペースを好む。敷地は南北に長い形状だったので、建物を北西側に寄せ、東南側に長い庭をつくる配置として設計を進めた。また、植物や野鳥を見るためには大きな窓が必要で、書棚や収納をつくるには長い壁が必要となる。この相反する条件から家の中に開けた場所と閉じた場所、明るい場所と暗い場所、ものが一杯な場所と整然とした場所、というように対比的な場所をつくっていくことにした。

1階は中央にキッチンや食品庫、階段、玄関収納といったバックヤードを配置し、まわりをリビングダイニングや書斎、そして書棚の並ぶ廊下でぐるりと繋いだセンターコアの回遊式プランとした。コアを境に明暗の切り替えができるため、南東に明るいリビング、南西にやや明るいダイニング、北西側に光の入らない閉架書庫、北東側にほの暗い落ち着いた書斎が並ぶ。

鳥の滑空する様や水浴び姿などに目線を合わせるためリビングは地面から70センチほど床を下げ、腰高まで地中に埋めた。こうすることで椅子に座った際にちょうど目線の先に地面が見える。そこで視覚的な楽しみを増やすために庭には築山をつくり地盤に高低差を設け、様々な種類の下草を植え込んだ。建物を埋めることで、窓先に見える周辺の建物を隠すための塀は低く抑えられ、街に対しても圧迫感を与えない外観となった。この塀によって、大きな窓を開けていても通りを行き交う人から覗かれることもなく寛げる空間となっている。また、蔵書は本棚の大きさや配置を検討することで、美しく収納できるよう配慮した。

2階はリビングの吹き抜けに面した二つの寝室と小さな仏間、洗面浴室というプライベートな部屋が並ぶが、こちらも回遊することができる。収納には扉を付けて白一色で統一しすっきりとした印象の空間とし、目に入る情報量を減らすことで落ち着いた寝室になるようにした。

本棚と鳥の観察用窓に囲まれた回遊式のプランという大きなテーマとは別に、家の中に濃淡をつけることで日常の中に居心地のよいリズムをもたらしてくれると考えている。家の中でその時々に居心地のよい場所がいくつも点在しているような家になっていると嬉しい。

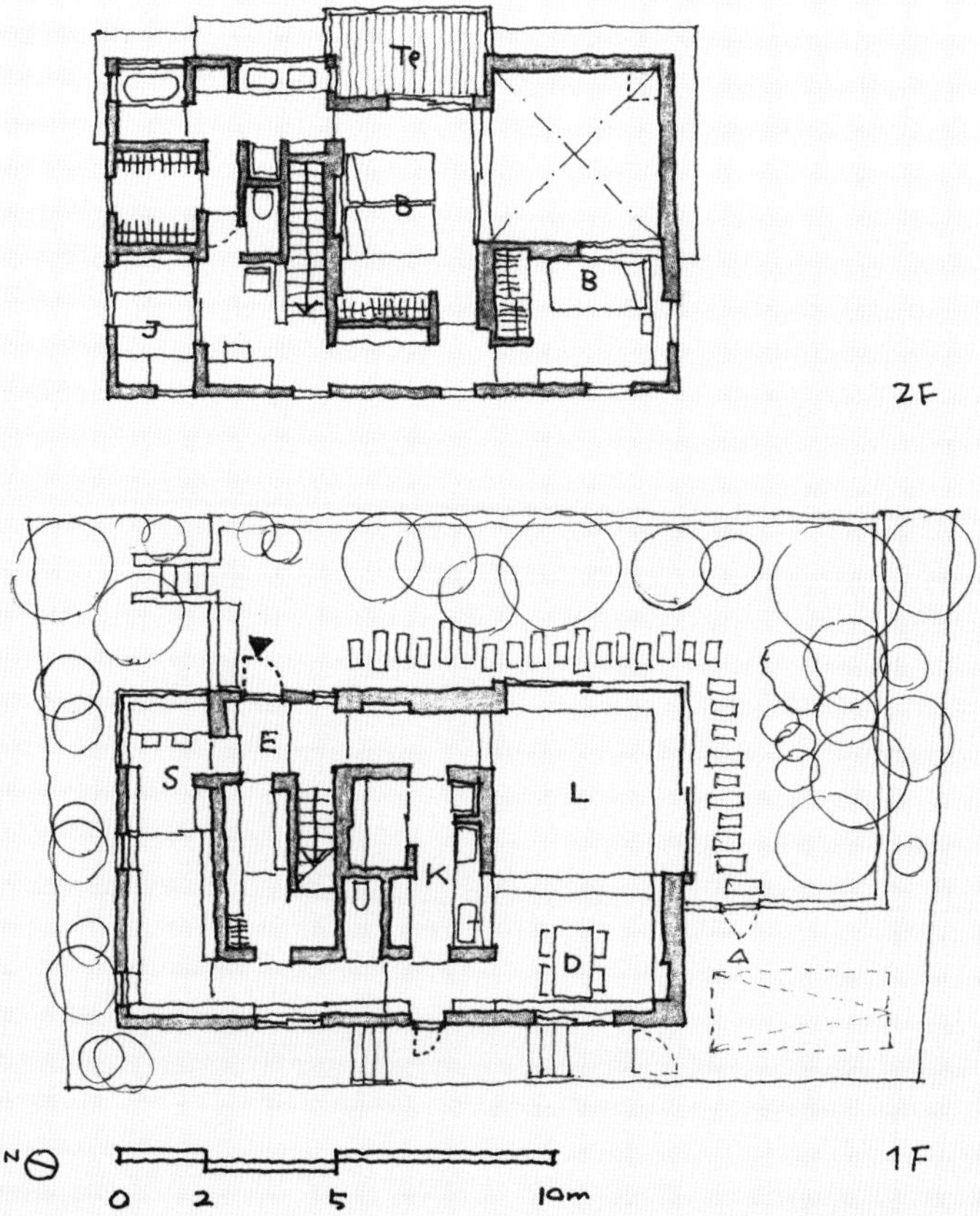

Otakanomori house DATA

千葉県流山市
主要用途　専用住宅
敷地面積　256.20㎡
延床面積　168.07㎡
　　　　　1F：92.09㎡　2F：75.98㎡
竣工　　　2018年

住まいは人生の器

これからはすべての時間を自分のために使いたい ——

そう思い立って建てることにした陶芸アトリエのある家。

曲がり角の小さな敷地に必要なものを入れていったらシンメトリーな六角形の箱になった。

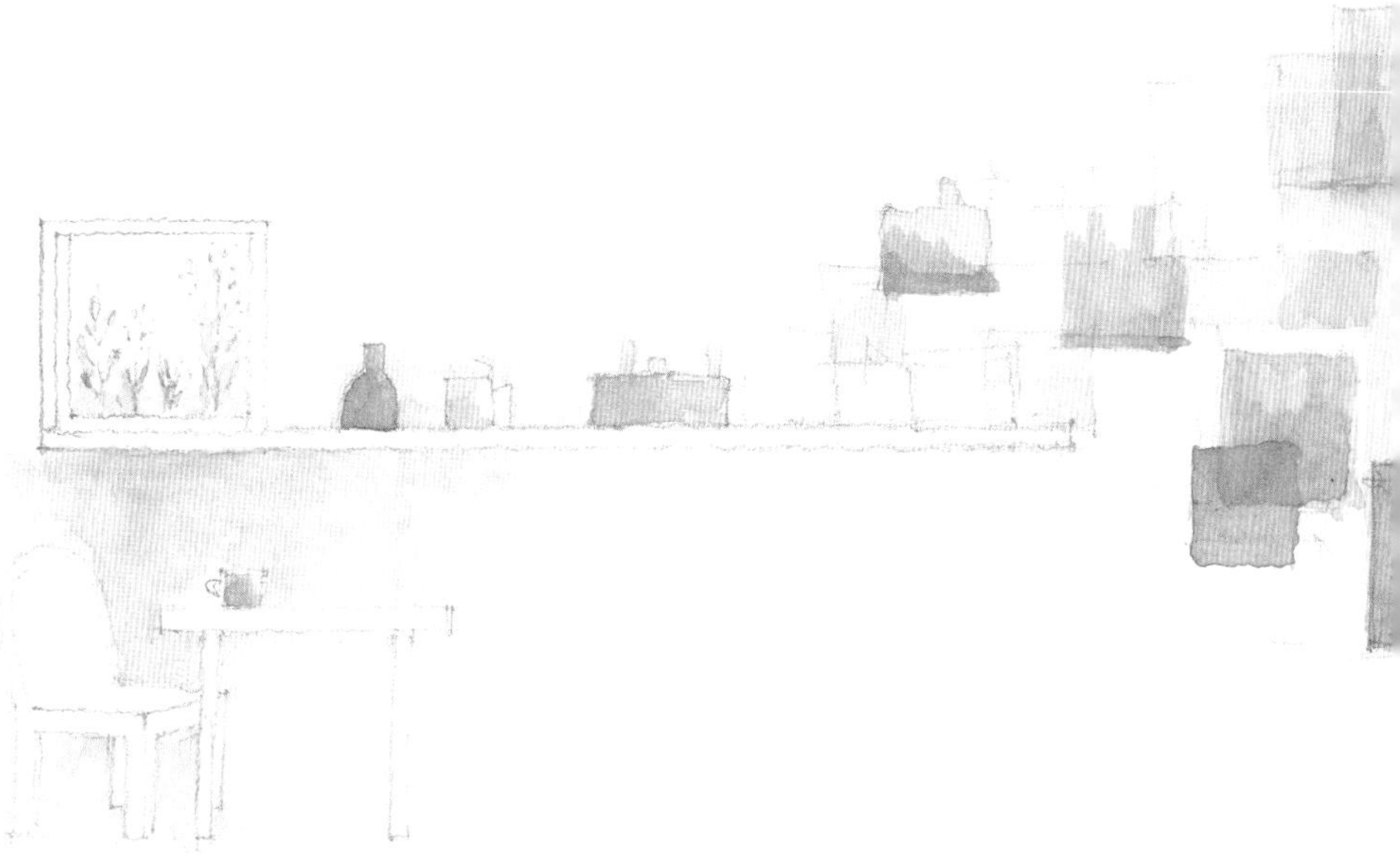

神木本町の家

Shibokuhonchou house

陶板を焼いて漆喰を塗った上に顔料で描いていく。以前はアトリエで制作していたが、最近は陽当たりのいいリビングの一角で。額入りのフレスコ画は室内に飾って楽しむことができる。

「制作は日記」
その時、その時の自分が
作品に映る

多摩川の西に広がる丘陵地の豊かな緑をバックに家々が建ち並んでいる。坂道を登って行くと、さりげなく佇むRC*造の平屋建て。これはこれは……想像していたよりもずっと小さく控えめな印象だ。道路の曲がり角から建物の正面を見ると、トンネルのように両側が掻き込まれた先端部分しか目に入ってこない。築11年。いい感じに風雨にさらされた外壁は、杉板の型枠の木目の味わいも手伝ってか、コンクリートというよりも苔むした石の風合いを漂わせている。

日記を書くように、作品をつくる

「私ね、前世はヨーロッパにいたんじゃないかと思うのよ。石造りの建物がなんだか気持ちにフィットするのね」と住み手である陶芸家の木村久美子さんは笑う。30年前、都内に建てた最初の家は、建築家の永田昌民さんの設計によるアトリエ併用木造住宅で、もちろんとても快適だったのだが、一人暮らしにとって、また、窯の安全を確保するためにも、RC造の家はとにかく安心だ。

木村さんは東京藝術大学の工芸科の一回生。入学する時には自分が陶芸家になるなんて思いも寄らなかったけれど、「やってみたら面白くて」以来60年ひたすら粘土と窯と釉薬で何ができるかを考え続けてきた。

家の中は、玄関ホールをはじめ、すべてがギャラリーと化していて、生活空間のありとあらゆる場所にところ狭しと作品が置かれている。

「でもね、自分の作品が好きで並べてるわけじゃないんですよ。これをどう発展させていこうか、考えるためには常に見えるところに置いておかないと。仕事って、全部〝その続き〟なんですよね」

前はダメだと思ったものが、何年かぶりに見ると意外にいいと思えることもある。じゃ、も

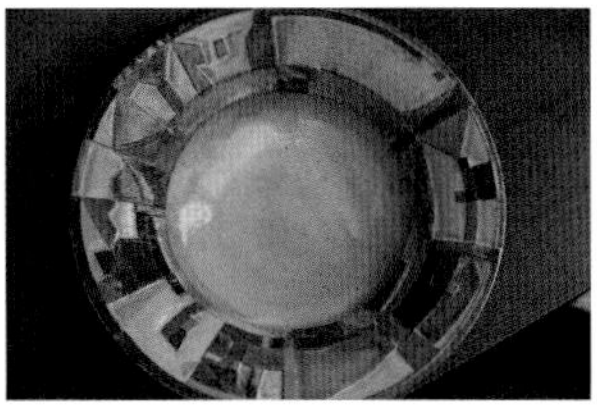

右／パステル画を思わせる淡い色の作品。左／高台から見下ろすと、六角形の建物の形がよくわかる。

＊鉄筋コンクリート

う一回やってみよう、と思える。

「制作は日記」と木村さん。その時々の自分を確認しながら、日記を書くように今まで仕事をしてきた。「技法やかたちはいろいろだけど、こだわっているのは、やっぱり〝器〟なんですよ。大事なのは、自分の中にある文学的なもの。旅先の景色や建造物から具体的にかたちをいただいているけれど、この器の中に入っているのは、そこに立った自分の〝詩〟なんですよね」

ペルシャの古い技法を使って深い色を出していた時代。釉薬を変えて色調が一変した時期。建物や街並みを思わせる立体造形が生まれた頃。そして、フレスコ画に惹かれ、60代も半ばになってから運命に導かれるように単身フランスに留学することを決めたドキドキわくわくの物語。今は、陶板を漆喰の壁に見立てて、

29　庭に向かって横長に大きく開く窓。「朝起きて、ここに並んでいる作品を見て何を感じるかな、夜、眠くなって見た時にどう感じるかな、って、それが私の毎日」。

額におさまる小さなフレスコ画を描いている。――それぞれの作品を前に制作の背景を聞いていると、この家こそが木村さんの人生を容れる「器」なのだと思えてきた。

人生を共にする、最上の「器」

「歳を取って建てる最後の住まいだから、狭いけど、やりたいことが全部できるように盛りだくさんなんです」よく通る声で語る木村さん。

新しい家を建てる契機が訪れたのは、いつのことだったのだろうか？

――娘も嫁ぎ、自分の両親も夫の両親も見送って、もう何も心配することはない。これまで家族優先で、自分のことはいつも残った時間の中でやりくりしてきたけれど、「最後は自分のことだけを優先して生きていきたい」そう打ち明けたら、同じ

上右／玄関からアトリエへ。その奥の廊下を抜けると寝室や水回りに通じる。上左／旅先で手作りの人形に出会うとつい買ってしまう。下右／トイレには学生時代の作品が飾られている。下左／器の上に小さな街並みを思わせる造形が。

台形の玄関ホールはハードな素材感漂うギャラリー空間。すりガラスから光の漏れる扉の向こう側に期待感が募る。

藝大出身のクリエイターであり、単身赴任で地方の大学で教鞭を執っていたご主人は、「いいよ」とうなずいてくれたのだという。なんと素晴らしい！　心身共に独立した夫婦の新しい生き方の選択である。

設計を八島さん夫妻に依頼したのは、書店でたまたま手に取った建築雑誌で紹介されていたのがきっかけ。永田昌民さんと同じ藝大の出身で、建築にもどこか似た雰囲気が漂っているのを感じた。「娘と一緒に住むようになるかもしれないと思っていたので、それなら若い世代の方がいいんじゃないか、と。その日の晩に電話したら、翌日すぐにお会いすることができたんです。他の作品のファイルを見せていただいて、いいなと思って、もう即、決定！」。

木村さんは直感の人である。敷地を見に来た時も、ちょっと不便だけれど環境もいいし、何より、道路に囲まれた角地なら周囲に気兼ねなく窯場をつくることができる、と、たった一日で決めてしまった。

〝私が座る場所はパリの辺りだわ〟

八島さん夫妻は、将来、2階に木造部分を増築できるように、荷重と動線を計算に入れた上で、制作と暮らしに必要な場をコンクリートの壁でシンプルに構成する平屋の家を提案した。

「角に窯場とアトリエ、反対側を庭にして、家に入ってきた時に庭の緑がフワッと目に入って奥行が感じられるように、と考えると、四角い敷地に対して斜めに建物を配置したらいいんじゃないか、と。そうすると、残った庭が三角形になって、前後にいくつか樹木が重なることでさらに深みが出るでしょう」と八島さん。建物を斜めに振ることで、大きな空間ができるし、南側に迫る家と家の間に視線を抜くこともできる。

「ただ、斜めにすると建物が六角形になってしまいます。これはすんなりOKにならないだ

左／道路側の外壁にはコンクリートの圧迫感を和らげるために杉板の型枠を使って木目を浮き立たせている。
右／入口は左。すぐ脇が窯場。

窓台にずらりと並んだ作品。その日の気分でオブジェに小枝や葉っぱを飾ることも。

時のうつろいを感じる
障子越しの光と影

朝、障子に映る作品の影絵が面白い。「八島さん、こんな風になるなんて設計してて想像できなかったでしょ？」と微笑む木村さん。

ろうなあ、と思いながらプランを提案したら、『亀の甲羅みたいで縁起がいいじゃない！』って木村さんが（笑）」。やっぱりモノをつくる人の感覚である。

「あの時、『なかなか面白いですよ！』って八島さんも興奮した様子でした。図面を見て、あ、これはフランスの形だ！　って思ったんです。私が座る場所はパリの辺りだわ、って（笑）」

ふだん、八島さん夫妻は、外側のかたちを決めてから内部を構成していくことはあまりないが、両端を四角くとって居室と水回りを置くと、真ん中の大きな台形二つのうち、半分をリビングに、もう半分をアトリエと玄関にと、必要な要素が違和感なく収まっていった。

35　奥に見える引き戸の向こうがゲストルームとしても使える和室。ダイニングの椅子はご主人のデザインによるもの。

変わり続ける家の「かたち」

玄関をギャラリーにすることを提案したのは夕子さん。アトリエの入口も兼ねる台形のホールは奥に行くに従ってすぼまり、ドアを開けると一気に明るいリビングルームに出る。玄昌石とコンクリートが醸し出すほの暗く重厚な「迎えの場」から、「日常の場」へ軽やかに開放される、その舞台転換のような落差が面白い。

リビングの間口いっぱいの障子窓は、木村さんが「ぜひ」と希望されたものだ。イメージの元にあるのは、京都の樂美術館を訪れた時に印象に残ったという待合の障子である。和室から、この水平の連なりに沿ってリビングを見通すと、建物を斜めに振ったが故に生まれた距離感を実感できる。それだけでなく、アトリエと水回りを結ぶ納戸を裏動線として、家の中をぐるりと回遊することで広

右／粘土や道具や資料が置かれたアトリエ。将来、２階増築時には階段をつくる予定の場所は現在は天窓になっている。
左／コンパクトなキッチン。窓辺にはカーテン代わりに色鮮やかな布を掛けて。

さを感じられるようになっている。

道具でいっぱいのアトリエで、頭上をふと見上げると、将来2階をつくることになった時に上下階をつなぐための天窓がぽっかりと開いていた。六角形のコンクリートの家は、その塊感を生かすために、あえて庇もつくらずピュアな形を保ってきたが、まだまだこの先どうなるかわからない。

「増築したい気持ちは十分あるんです」陶芸家はいたずらっ子のように目を輝かせる。

「器」は、その中にある人生と共に変化していくものだから、窓辺に飾られているあの立体作品のように、蓋の上に何か新しい造形が出現する日が来るかもしれない。

「小さくてもいいからお茶室にもなる和室を一つ」とリクエストした。床柱、床板、天井板すべて松材で統一されている。壁や襖の色は以前の家の和室と同じに。

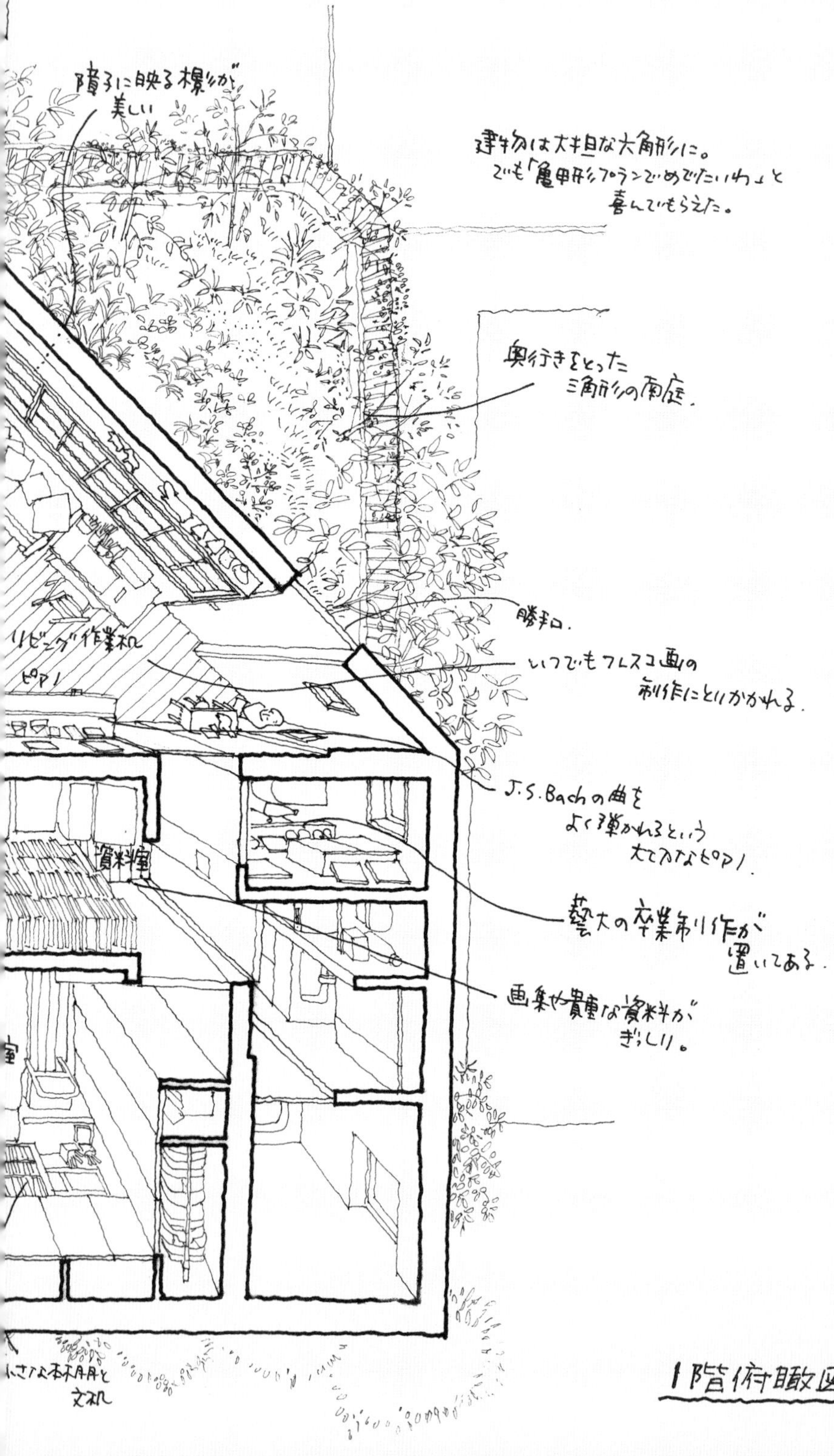
障子に映る樹影が
美しい
建物は大胆な六角形に。
でも「亀甲形プランでめでたいわ」と
喜んでもらえた。
奥行きをとった
三角形の南庭。
勝手口。
リビング作業机
ピアノ
いつでもフレスコ画の
制作にとりかかれる。
J.S.Bachの曲を
よく弾かれるという
大切なピアノ。
資料室
藝大の卒業制作が
置いてある。
画集や貴重な資料が
ぎっしり。
さな本棚と
文机

1階俯瞰図

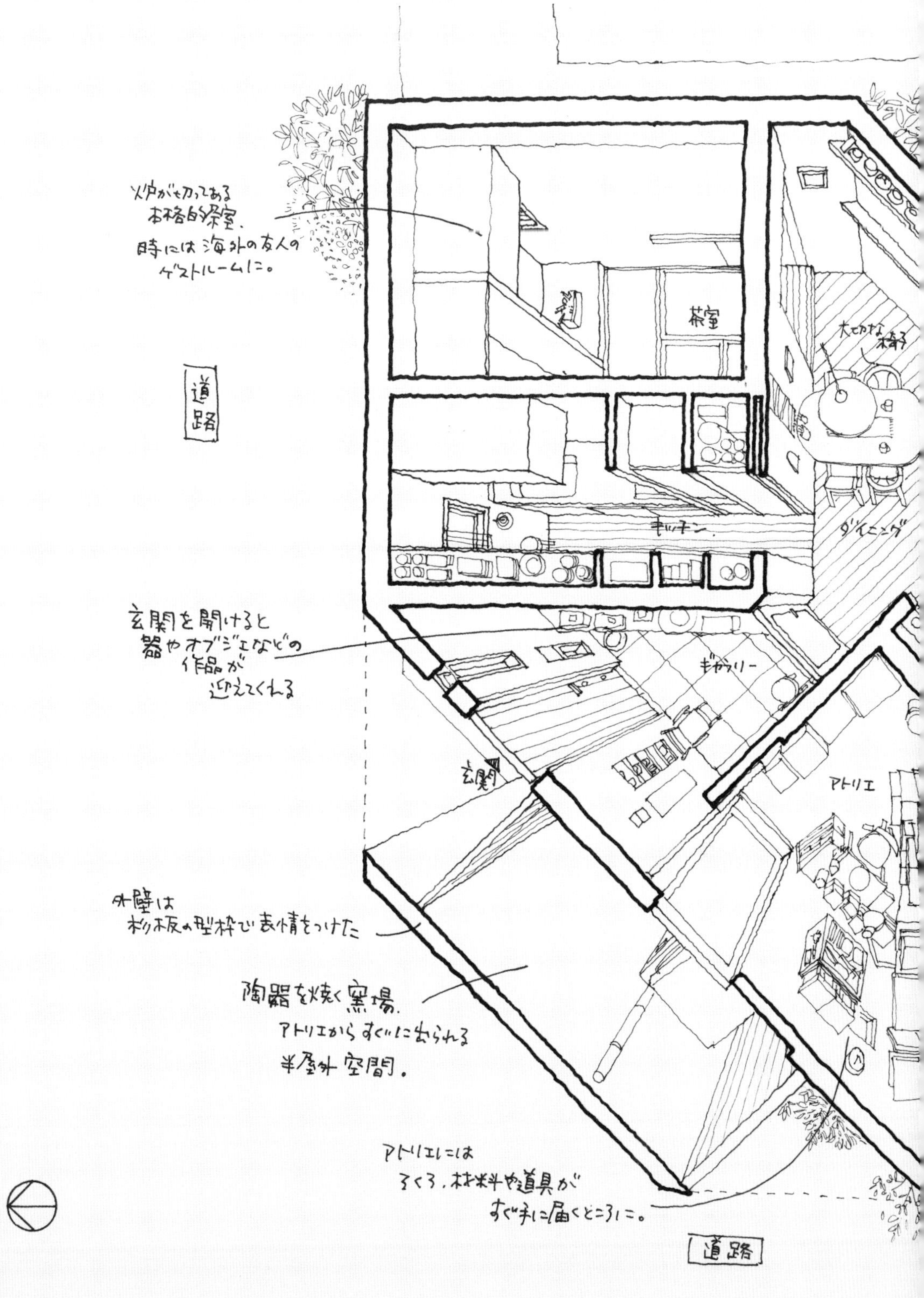
炉が切ってある
本格的茶室。
時には海外の友人の
ゲストルームに。
茶室
大切な椅子
道路
キッチン
ダイニング
玄関を開けると
器やオブジェなどの
作品が
迎えてくれる
ギャラリー
玄関
アトリエ
外壁は
杉板の型枠で表情をつけた
陶器を焼く窯場。
アトリエからすぐに出られる
半屋外空間。
アトリエには
ろくろ、材料や道具が
すぐ手に届くところに。
N
道路

ゆだねる家

［神木本町の家］は小さなアトリエを持った陶芸家の住宅である。敷地は郊外の小高い丘の中腹に位置し、西と北側に接道した角地で、陽当たりと風通しのよい土地だった。

設計開始時に「今住んでいる家をまず見てください」と向かった先は大学の先輩である建築家・永田昌民氏設計の3階建てのアトリエ併設住宅で、建物は長い年月が経っていたが堂に入ったインテリアも含めてご本人によって大切に住みこなされているることがよくわかる様相だった。まだまだ十分に住める家ではあったが、娘さんが独立し、ご自身も陶芸家としてさらなる制作の場を求めて、環境のよい土地にメンテナンスの行き届くコンパクトで暮らしやすい平屋のアトリエ兼住宅の設計を依頼された。年齢や体力を考慮し計画は平屋建てだったが、将来的に子世帯と住む可能性もふまえて2階部分に増築時の荷重が載せられるよう検討し、1階部分をコンクリート造とした。

新しい家では庭仕事もしたいという要望があったので、五角形の土地に欲しい庭のボリュームを残せる最適解を考えた結果、六角形という変型した平面がうまれた。変型の建物はともすれば住みにくい家と思われてしまうかもしれない。受け入れてもらえるか不安を残しつつ、でも住みこなしてくれるのではという期待も込めて提案してみれば、あっさり「大丈夫ですよ。亀甲形でめでたいし面白そう」とのこと。

外から見ると窓の少ないコンクリートの塊のような建物だが、内部は回遊できるプランで、ギャラリーを兼ねた玄関を抜けると東南の庭に面した大きな窓を携えたリビングダイニング、その脇にキッチンと建具で仕切れる和室。和室は友人が泊まったり、茶室としても使える設えになっている。反対側に進むとコンパクトにまとめた水回りと最小限の寝室、書庫を兼ねた廊下からアトリエへと続き、アトリエからは半屋外の窯場と玄関の二方向へ出られるようになっている。日常生活の中に作品制作が組み込まれている施主らしいプランとなった。回遊できることによって自在な動線が得られ、視線が抜け、実際の面積よりも広く感じることができる。リビングダイニングに面した三角形の庭も木々が植わることでさらに奥行きがうまれた。

引き渡しから少し経って伺った際に、持ち込まれた家具や多くの作品など色々な物が馴染み、もう何年も住んでいるかのような雰囲気に仕上がっていた。「この三角の隅っこに座ると視界が抜けて面白いの」とか、「窓辺に作品を並べたら朝の数分だけ障子に素晴らしい影絵が写ったの」とか、自分だけの風景を楽しんでいる様子がうかがえた。

要望を絞って伝えて後はお任せという姿勢で、建築家に頼むことの醍醐味を楽しんでいただけていたように思う。住宅はあくまでも生活のための器のようなもので、建物ができた時から施主の生活が注ぎ込まれ、庭に植えた木々の生長や建物を構成する素材の経年変化と共に少しずつ姿を変えていく。施主から建築家へ、建築家から施主へゆだねることで変化していく姿が今後も彩り豊かであると嬉しい。

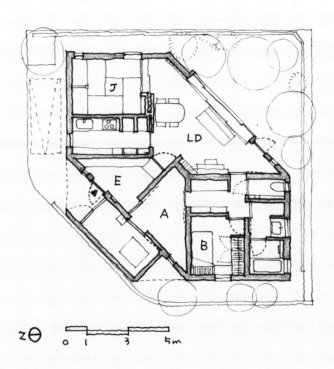

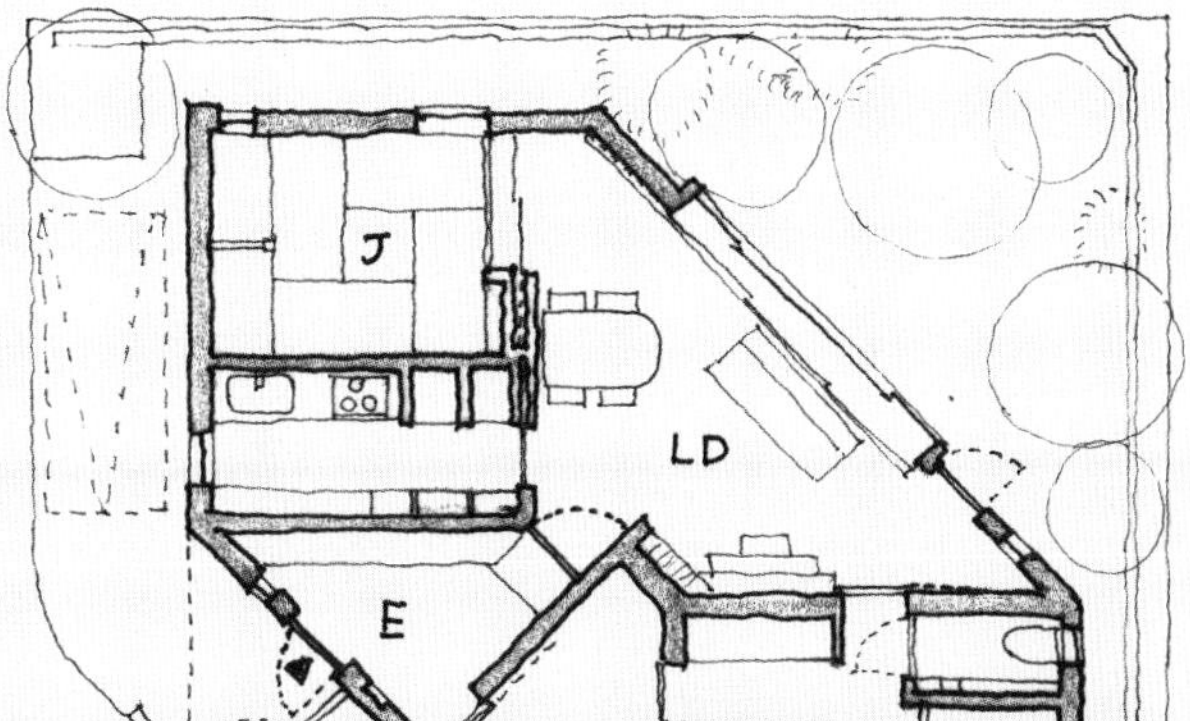

Shibokuhoncho house DATA

神奈川県川崎市
主要用途　住宅 + アトリエ
敷地面積　156.32㎡
延床面積　87.19㎡
　　　　　1F : 87.19㎡
竣工　　　2009 年

コラム 1

暮らしの種

住宅の設計をしていると様々な趣味の施主さんとの出会いがある。

家づくりは、開始から建物完成まで一年半前後の長期に渡っての施主さんとの共同作業なので、依頼者と受託者という仕事上の関係から、次第に家族ぐるみのお付き合いをさせていただくことも多い。家族構成や職業もまちまちで、会社員の方から自営業、医師、教員、デザイナーなど幅広いのに、ありがたいことに何か琴線に触れて設計を依頼していただいているので、当たり前かもしれないけれど価値観がどこか似ていると感じる。

そんな中、たまたま今まで開発されなかった自分自身の趣味趣向が施主さんを呼び水にして一気に開花することがある。

僕たち夫婦が建築家でありながら、同時に鳥見家（探鳥家）になってしまったのもそんな理由による。

「庭に来る鳥たちを家の中から観察できるようにして欲しい」という施主さんの要望に出会ってからというもの、設計が進むうちにだんだんと自分たちも鳥が気になりだしてしまった。スズメやハトやカラス程度しか知らなかった僕たちが、今やジョウビタキ、ヤマガラ、コゲラ、メジロなど自宅周辺に生息する野鳥はほとんど鳴き声だけで区別がつくようになり、今では冬の早朝にスズメやヒヨドリに窓辺で朝食を提供し、春にはシジュウカラが自宅の小さな庭の巣箱で子育てするのを見守ることが恒例となった。野鳥を介しての気づきや発見によって私たち家族の暮らしはとても楽しいものになっている。

設計をご依頼いただく施主さんの暮らしがより素敵になればという想いで住宅設計をしているつもりが、建物ができる度に施主さんから教えていただくことも多く、仕事を通じて自分たちの暮らしにも豊かになっていることに感謝したい。この作家さんは八島さんもきっと好きですよとか、七輪は能登の珪藻土が……、狸が獲れたので……とか。

豊かな暮らしの種はみなさんが運んできてくれる。

庭を取り込むリビング

住宅街の一角に自分だけの森を持つ喜び。
葉の影が揺れる庭もリビングも一つにつながって空間が広がっていく。
大好きなモノたちに囲まれて過ごす時間がより豊かになるように、
つくり手の思いが込められた「兄の家」。

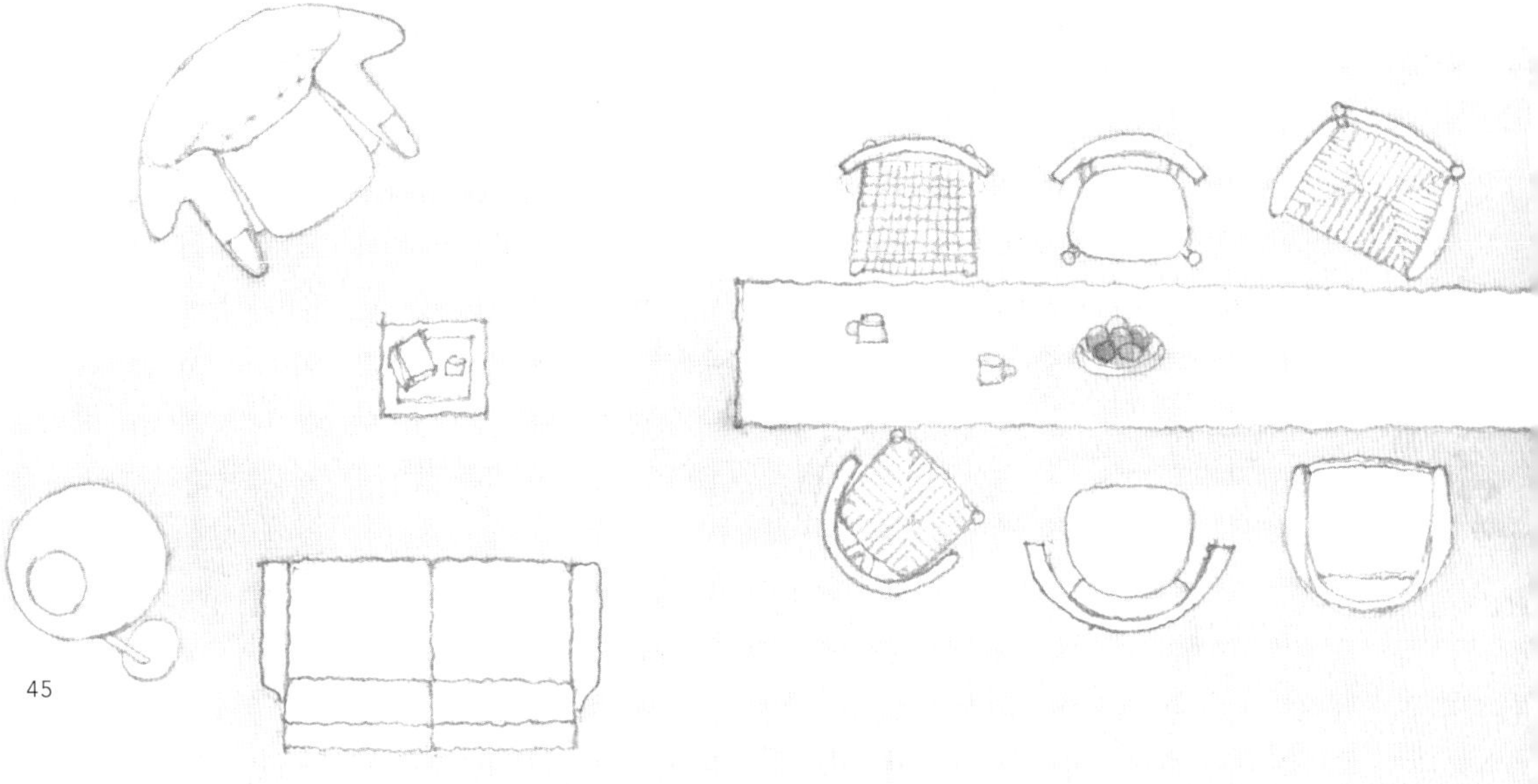

武蔵野の家

Musashino house

リビングの天井はラワン板張り。色が濃く、目の粗いマットな質感で、反射する光量を調節することができる。しっとりとしたほの暗さが北欧ヴィンテージ家具によく似合う。

シンプルなベンチが
庭とリビングを
つなげてくれる

ベンチは外に出る手がかりとしてそこにあるだけでもいい。「アイコンですね。美術館のモニュメントのよう」とご主人の一裕さん。

玄関ホールを抜けたら、目の前に緑が広がった。緩やかにジャズが流れるリビングルーム。秋の日差しが長く伸びて、床や家具に木々の葉影が揺らめいている。

南向きで、床から天井まで大きく開いているというのに、なんだろう、このしっとりと落ち着きは。低く抑えられたラワン張りの天井に光が柔らかく吸収されているせいか、それとも壁に囲まれた石貼りの庭が中庭のような印象をつくっているせいか、目にも心にもほの暗さが心地よい。

緑と家具と、籠もれる隠れ家

緑をバックに佇むのは、時をまとう北欧ヴィンテージ家具の数々。リビングとダイニングはハンス・ウェグナーの世界だ。中でもウェグナーファンの誰もが憧れるラウンジチェア「ベア」が圧倒的な存在感を放っている。この家を建ててから家具に対しての考え方が変わったというご主人は「前はふつうでいいと思っていたんですけど、家にはそれに合うものがあるはずだと、いろいろ見て回るうちにこの世界に引き込まれてしまいました」と笑う。

何年住んでも見飽きない我が家の景色を前に、「ここで喫茶店とかしてみたいなぁ」とつぶやくその人は、実は八島正年さんの兄、一裕さんである。十数年前、社宅暮らしを卒業するにあたり、住み慣れた武蔵野地域で土地探しを始めた時から正年さんに相談をしていた。いくつかの候補から選ばれた敷地は静かな住宅街の北東の角地で、北側の前面道路の向こうには小学校の校庭が広がっている。

「土地の善し悪しを確認するくらいで、後はほぼお任せでした。弟の建てる住宅はよく知っ

右／玄関の庇の下にもベンチ。人が座る、買い物袋を置く、そんな生活の動作が見える気がする。左／コンクリートの威圧感を感じさせない「おうち型の家」は界隈のランドマークとして親しまれている。

上右／ウェグナーの家具コレクションの中でもお気に入りはグリーンの「パパベア」。上左／中庭から木漏れ日が落ちる。中庭を囲む白い壁は、リビングの壁から連続して見えるようにふかして面一（ツライチ＝面を揃えること）に仕上げられている。下／陶芸のコレクションもたくさん。四角いテーブルもウェグナーのデザインによるもの。

ていましたから。何でもそうですが、任せると決めたら最後まで任せた方が結果的にいいものになると思うんです。逆に言えば、信頼して任せられるような人を選ぶことが大事、ってことですね。弟もこちらの暮らしぶりや考え方をよく知っていたので、特にヒアリングもなくプランを持って来ました」

最初のプランは南北に長い敷地をさらに縦に仕切ったような細長い家で、面白かったけれど、車が1台しか置けない。2階にリビングがあるのはどうか、と提案されたが、やっぱり1階で庭に続くリビングがいい。そして、庭から直接2階に上がれるように外階段をつけることを希望した。

次に上がってきたプランを見ると、リビングのすぐ脇に小さな趣味の部屋が用意されていた。「兄貴のことだから、籠もって何かする場所があったらいいだろうと思って」と正年さん。それを聞いて「頼んだ覚えはない」と嬉しそうな顔で返す一裕さん。「しかも、床が掘り下げられているのには驚きました。施主の許可なく勝手にコストをかけて（笑）。でも、結果的にはとてもよかった。まるで江戸川乱歩邸の蔵の中にいる気分です。窓の前に座ると地面や木の幹が真ん前にあって、たくさんの鳥や昆虫がくるのが見えるんですよ」。

庭はリビングの延長線

頼んだ覚えがないと言えば、庭のベンチもそうだ。正年さんは「敷地に対して建物を置き、余った場所が庭になるのではなくて、ちゃんと『意味のある庭』にしたかった」と語る。「ベンチは人の居場所。外に出る手がかりです。それがあることで外がより近くなったらいいな、と」。庭とリビングをつながり感のある構成にするため、壁面を内から外にフラットに連続さ

リビングと対照的に白でまとめられた明るく機能的なキッチン。

庭に向かって
開くキッチンは
緑を眺める特等席

ウェグナーのテーブルはエクステンション式。「PP701」はウェグナー自身が最も気に入っていた椅子。「この革張りシートとマホガニーのアームのタイプはもう今はつくられていない」と一裕さん。

せ、中庭のように囲んだ。RC造にしたのは、この独立した壁が欲しかったからだ。そして、気軽に外に出られるように大谷石を敷いた。

実際のところ、家族は庭でバーベキューをするでもなく、菜園をつくっているわけでもない。「使うというより『気持ちよく暮らすための庭』ですね。朝、キッチンに立つと目の前に森があるのがいいんですよ！」と奥さま。庭までがリビング、という意識なので、外に出なくても十分外を楽しめると言う。「そういう意味じゃ、やっぱりあそこにベンチがあって正解なんだ、と思いますね」一裕さんがうなずいた。「頼んだ通りにつくってもらったら、書斎もベンチもなかったわけで、やっぱり任せるなら任せた方がいい、ということでしょう。カーポートの上にキャンチレバーで張り出している庇も、車を降りて濡れずに家に入れてとても便利。よく考えてあるな、と感心します」。

一裕さんは、この家に住むまで週末や休みの時には必ずと言っていいほど外出していた。この家に暮らし始めてから、わざわざ外でコーヒーを飲むよりも、良い豆を買ってきて家で楽しむことで豊かな時間、くつろぐ時間の心地良さを改めて感じられるようになったと言う。もともと多趣味で、北欧家具もそうだが、ジャズもカメラもガラス工芸も、好きになったらとことん突き詰めるタイプ。屋根裏の倉庫には、スターウォーズを筆頭にSF映画関連雑貨や、数えきれないほどの数のCD、DVD、レコードが山積みされている。リビング脇の小部屋にはマニア垂涎の希少カメラやレンズのコレクション。仕事の合間に膨大なストックの中から好きな音楽を選んで聴いたり、ネットで気になる家具や小物の入荷状況をチェックしたり、「その気になれば1年でも家に籠もっていられる」と、一裕さんは少し恥ずかしそうに笑った。

右／2階の廊下の突き当たりにはイームズのDCM。八島さんは突き当たりに光や風が抜ける開口部を設けることが多い。
左／書斎のコレクション棚を開けると、アメリカの軍用レンズのような、普段目にすることの無いクラシックレンズが沢山。

上／キッチンの窓からリビング越しに庭まで一望できる。下右／書斎はリビングから一段下げることで籠もった感を出した。「特別な空間をつくるには、上げるか、下げるか」と正年さん。下左／2階のテラスに続く外階段も庭を近くに感じさせる装置。

庭を囲む壁は、お隣が圧迫感を感じないギリギリの高さに抑えた。床から天井までの開口部は真ん中だけ開閉できる。中央の方立からプリーツ網戸を引き出せるようになっている。

手づくりの家には、成長していく楽しみがある

美しいもの、大好きなモノに囲まれて過ごす日々。夜、ベッドに横たわれば天窓から月が見える。2階の和室で障子と襖を引けば繭にくるまれたような静寂が訪れる。もうすぐ高校生になる息子さんはこの旅館みたいな和室に「泊まる」のが大のお気に入りで、学校の友達を招いて合宿することもあるそうだ。庭の雪景色に息を呑む冬の朝も、冬眠から目覚めたカエルに微笑む春も、セミが地中から這い出してくる夏も、日常はいつだって小さな喜びと発見に満ちている。

家中に散りばめられた一裕さんの宝物を見ていて思ったのは、一つ一つにそれが世に出た時の背景があって、運命的な出会いがあって、ずっと持っていたい、一緒にいたい、と

2階の子供部屋。学習椅子にフィン・ユールのスウィヴェルチェアが使われているという贅沢なシーン。

心の底から思えたものばかりでこの家は構成されているんだなぁ、ということ。きっとこの「家」自身もそのコレクションに含まれているのだ。

この世にたった一つの家。弟が兄のために思いを巡らせ、工夫を凝らしてくれた家。「この家には人がつくったものの良さがある」と一裕さんは言う。「手づくりのものって完璧じゃないけれど、できて終わりじゃないところがいい。この家もこれから先、まだまだずっと成長していくんでしょうね」。

子供の成長と共にある今、この武蔵野に根を下ろして、地域やご近所とのつながりを持って充実した暮らしができているという満足感、心の余裕、安堵感があるのが嬉しい。「それも、この家のおかげです」弟への感謝の言葉は本人に聞こえないように小さな声で付け加えられた。

手を伸ばせば
届きそうな場所に
木漏れ日が落ちる

庭のシマトネリコ、ハナミズキ、エゴノキの葉陰が重なって、大谷石からリビングの床までを一体に包み込む。

「以前の家のキッチンは小窓からダイニングを覗く感じだったので、なるべく大きく開けて欲しいとお願いしました」と奥さま。

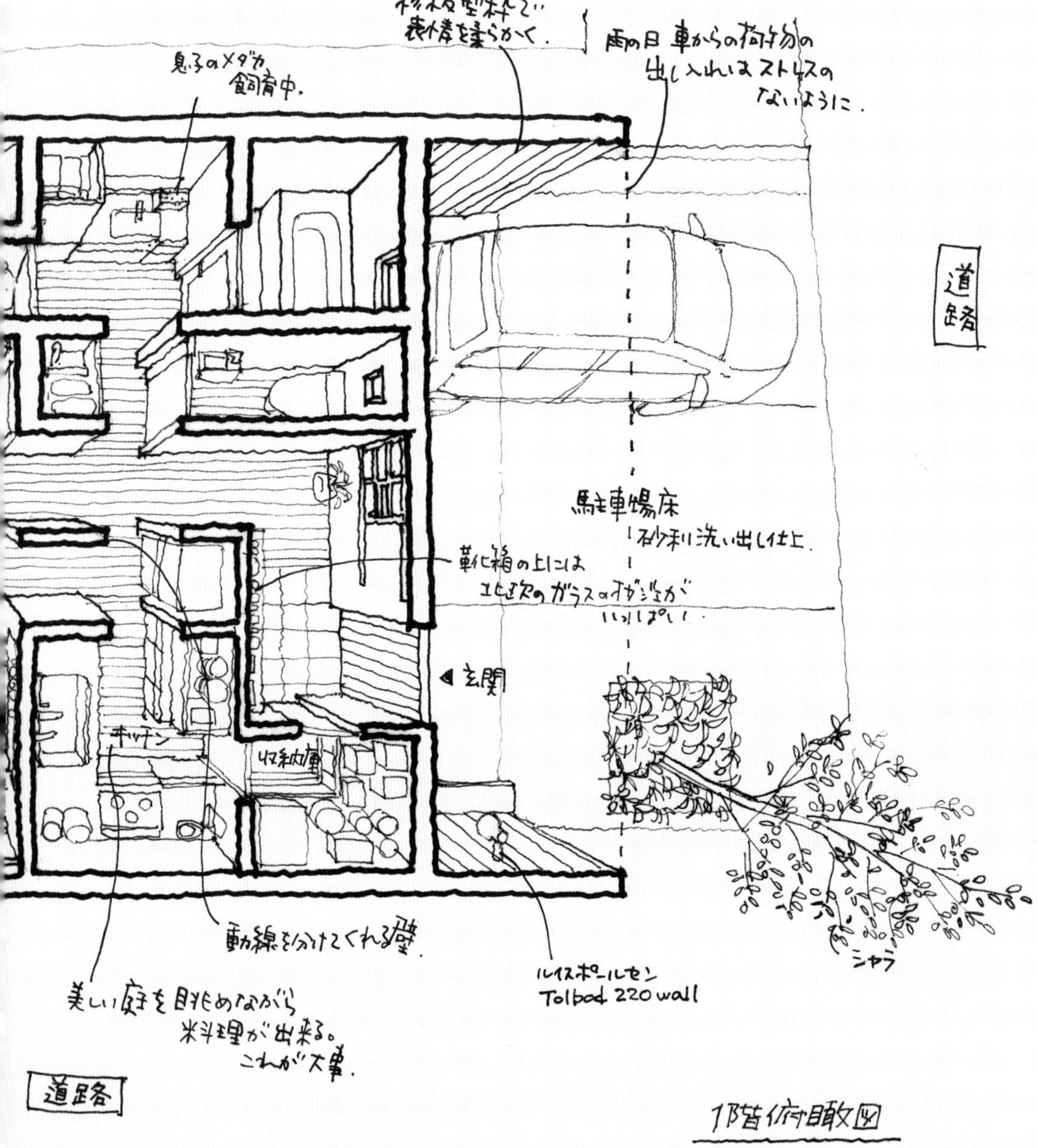
杉板型枠で
表情を柔らかく。
雨の日 車からの荷物の
出し入れはストレスの
ないように。
息子のメダカ
飼育中。
道路
駐車場床
砂利洗い出し仕上
靴箱の上には
北欧のガラスのオブジェが
いっぱい
玄関
キッチン
収納庫
動線を分けてくれる壁
ルイスポールセン
Tolbod 220 wall
シャラ
美しい庭を眺めながら
料理が出来る。
これが大事。
道路

1階俯瞰図

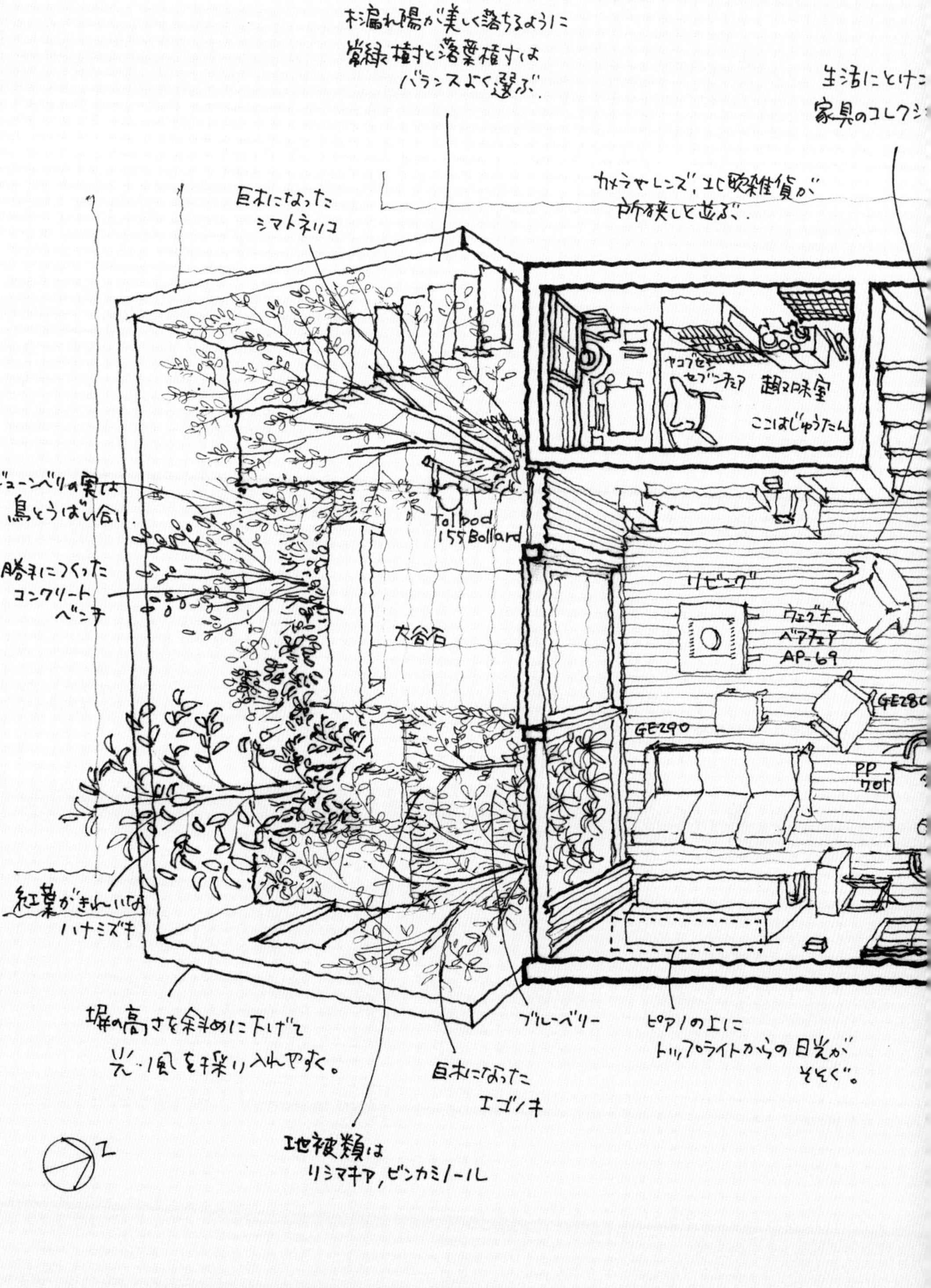

木漏れ陽が美しく落ちるように
常緑樹と落葉樹は
バランスよく選ぶ。
生活にとけこ
家具のコレクシ
カメラやレンズ、北欧雑貨が
所狭しと並ぶ。
巨木になった
シマトネリコ
ヤコブセン
セブンチェア
趣味室
ここはじゅうたん
ジューンベリの実は
鳥とうばい合い
Tolbod
155 Bollard
勝手につくった
コンクリート
ベンチ
リビング
ウェグナー
ベアチェア
AP-69
大谷石
GE290
GE280
PP
701
紅葉がきれいな
ハナミズキ
塀の高さを斜めに下げて
光・風を採り入れやすく。
ブルーベリー
ピアノの上に
トップライトからの日光が
そそぐ。
巨木になった
エゴノキ
地被類は
リシマキア、ビンカミノール
N

敷地は武蔵野の面影を残すおおらかな雰囲気の住宅街に位置している。それでも近年、建て替えも多く、やや混み入った印象に変わりつつある。

［武蔵野の家］は家族三人が暮らす住宅である。北東角地の敷地北側には道路をはさんで小学校があり、通学をする児童への配慮と、近隣の住宅が建て変わる可能性が高かったことから緑の環境をどう維持するかを考えながら計画を進めた。要望である2台分の駐車スペースを確保しながらできるだけ広い面積の庭を確保するため、南北に長い敷地の北側に玄関アプローチを兼ねた駐車スペース、中央に建物、南側に庭というシンプルな構成とした。駐車スペースのために建物を道路から大きく後退させたことで北東側は開放的な空間となり、コンクリート造の堅い印象を和らげる家型の外観と玄関脇に植えた大きな樹木により、街に馴染むゆとりのある佇まいとなった。

コンクリートの外観から一変して、室内に入ると漆喰の壁やタモやブラックチェリー、米松などさまざまな木材を用いることで全体として柔らかい印象になるよう心がけた。リビングダイニングは窓から直接差し込む自然光に加えて、ラワン材を張った天井面やタモ材のフローリングに光が反射することで穏やかな色味の空間となっている。1階は南の庭に面したLDKと水回り、そして趣味室兼書斎を設け、2階に主寝室、子供部屋、和室の客間を設けた。リビングダイニングから視覚的に繋がる庭は近隣への圧迫感を抑えるよう低い塀で囲い、道路からも緑が垣間見えるよう配慮した。

地続きの庭の利点は部屋が実際よりも広く見えること。庭に面したリビング南側の天井高一杯の木製掃き出し窓は、両端をFIXガラスとし中央のみが開閉する窓とした。そうすることで窓枠の印象が薄らぎ、室内の壁が庭の壁へと続くように見え、部屋と庭の一体感を作りだした。また庭の奥行きを深く見せるには視線を向ける先のつくりが大切になる。ベンチや階段など人の動作や行為を想像できるものをあらかじめ庭に計画することで、なんとなくその先に空間が続くように感じられたりするから不思議だ。この南庭はリビングダイニングからだけではなく、リビング横の書斎や2階の子供部屋からも望むことができる。南庭は見る角度や方向によりそれぞれの部屋独自の景色となり、家全体をつなぐ要の場所となっている。

庭も部屋の一部として毎日眺め、樹木の生長や季節毎に変わる日差しの入り方の変化に気づく、そんな日常的な外への意識の積み重ねが日々の生活の彩りの一部となるのではないだろうか。

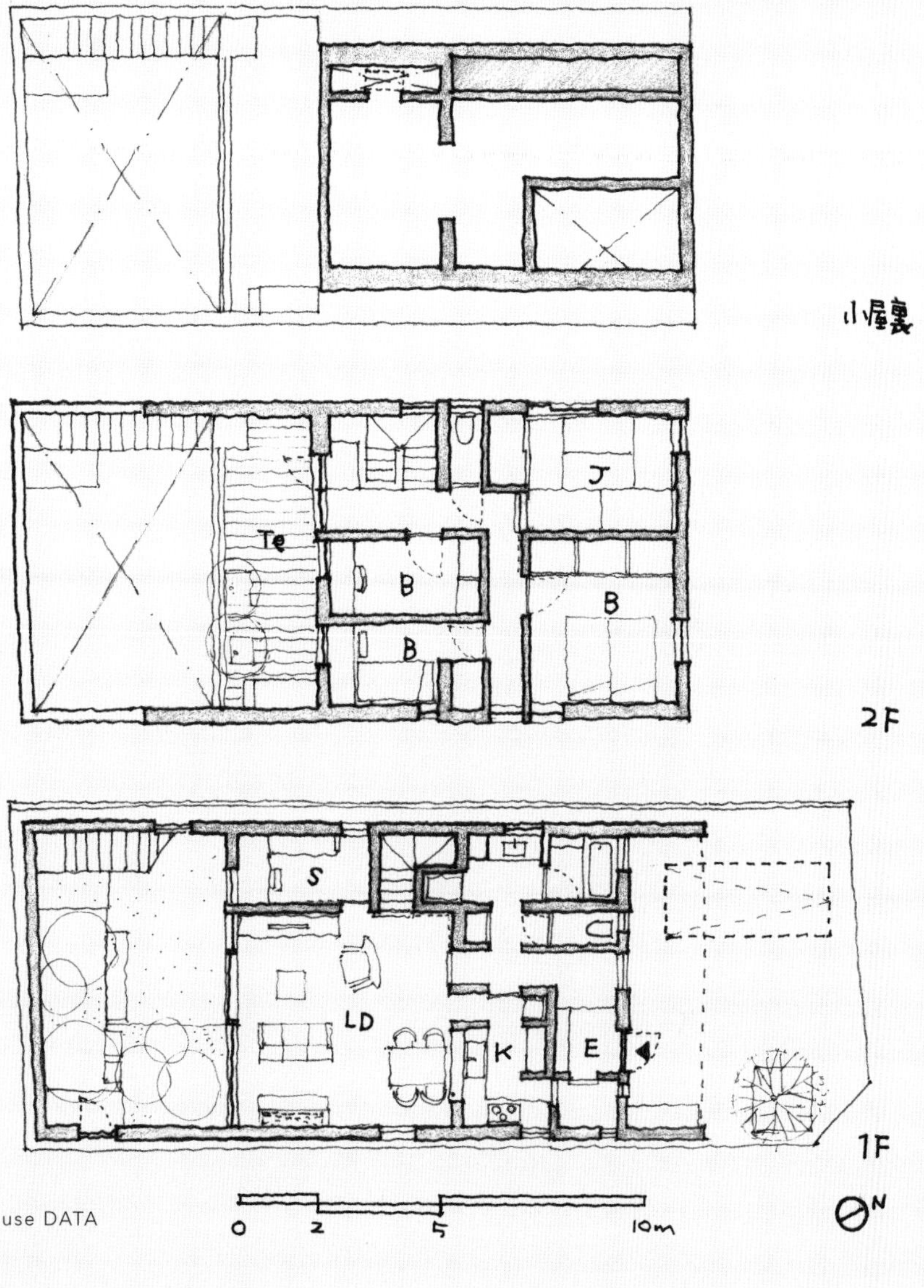

Musashino house DATA

東京都武蔵野市

主要用途　専用住宅

敷地面積　164.61㎡

延床面積　131.58㎡

　　　　　1F：68.4㎡　2F：63.18㎡

竣工　　　2011 年

どこに座ってもいい感じ

家は大きければいいというものじゃない。

小さくてもその分材料や設備の質を上げれば、より快適に豊かにすることができる。

旗竿敷地に建つ約５×６ｍの山荘のような家にはエッセンスがギュッと詰め込まれている。

深沢の家

Fukasawa house

SEA

どこに行っても
どこに座っても
“いい感じ”
それが私たちの家

家族の団らんの中心はウォールナットのテーブル。食べて遊んでくつろいで、みんなこのスペースで。

都心にほど近い私鉄沿線の住宅密集地。ひっきりなしに車が行き交う通りからやや奥まったところに可愛らしい白い家がちらりと見える。通りに面する間口はわずか2メートル強。入口に駐められた車の奥に家族の自転車が並び、その先に花壇があって、そのまた先に玄関がある、いわゆる旗竿敷地である。縦横およそ5×6メートルのコンパクトな2階建てと聞いて感心しながら見上げたら、四角い窓に兄妹の頭が三つ並んでいた。

「シュッとしてるけど、やりすぎてない」

「土地を探している時は息子一人だったんですけどね」と笑う望月さん。木工家である勤さんのご実家に近いアトリエと、編集者である奥さまの仕事場に通いやすい地域で土地を探し、予算に合うのがここだった。小さくても、旗竿敷地でもまったく迷いはなかったという。「八島さんならうまくやってくれると信じてましたから」。

奇をてらうのではなくて、居心地のいい、雰囲気のいい家を望んでいた望月夫妻は、以前から、東京藝術大学系の建築家たちが建てる自然で直截な家が好きだった。そもそも、勤さんのお父さまは藝大出身の工芸家で、八島さんの師匠である益子義弘さんをはじめ多くの建築家とつながりがある。そんな縁で、勤さんはこれまで多くの住宅のために無垢材の家具を製作してきた。一方、奥さまは自由学園にゆかりのある出版社にお勤め。当然、「明日館」を設計したフランク・ロイド・ライトからアントニン・レーモンド、吉村順三へ伝えられた建築理念は出版にも反映されるわけで、雑誌で益子義弘さんの妻・昭子さんの暮らしの連載ページを担当していたこともある。

そんなベースがあった上で、八島さん夫妻に設計を依頼する決め手となったのは、新築した

右／オブジェが並べられた玄関の小窓。障子戸を開けると光が入る。
左／南北に抜ける通り土間。家族の人数が多くても靴脱ぎの面積が広くとれて便利。

大通りから覗いた外観。建物の外形は斜線いっぱいいっぱい。予定していた植栽はまだだが、家族が何げなく植えたユーカリが大きく育っていい感じになった。

ばかりの友人の家で、八島さんたちのつくる住まいのよさを実感したこと。「私たちもこれまでいろんな家を見てきましたが、その友達の家は今まで行った中でいちばん感じがよかったんです」と奥さまは力説する。どのへんがよかったのかというと「シュッとしてるけど、やり過ぎてないところ（笑）」。へんに凝るわけでもなく、自身のケンチクを押し出すでもなく、誰もが感じる普遍的な心地よさと必要十分な機能性を備え、予算をかけるべきところと、ちょっと抑えてもいいところ、木材の柔らかさとすっきりした白い壁と、そのすべてのバランスが「ちょうどいい」。なおかつ新鮮さがある。「それって大事ですよね。よくできているんだけど新しさを感じない家ってあるでしょう？」。鋭い指摘である。

旗竿敷地のいいところ

さて、依頼を受けた八島さんは、スーパーマーケットの駐車場だったという8区画の分譲地のいちばん隅の敷地を前に何を思ったか。

まず最初に考えたのは、視線の抜けを確保することだった。前に建物が建つのは決まっているので、必然的に開けられる窓の位置が決まってくる。その2階をメインのフロアとし、1階は玄関を入ったところからご主人のアトリエ越しに視線が通るよう、北側の建物の隙間に向けて大きな開口部を設けることにした。

「旗竿敷地はやりようでいろいろできます。細長い部分をアプローチに利用できるし、そこに駐車場もつくれる。木も植えられます。こうした分譲地はいっぺんに新しい家が建ってしまうので、ここだけちょっと後退して緑を植えることで、周辺にゆとりを生むことができるのではないかと思いました」。建物が見えなくてもいい。枝の間から窓の明かりが見えればいい。手前に1本、4メートル先にもう1本木が植えられれば、緑が重なって森の中にいるようにな

秘密基地のような子供室。ロフトへのはしごと本棚はお父さんがつくってくれた。

上右／階段上の正面には玄関まで光を届ける開口部。階段の幅は冷蔵庫が上がるギリギリの寸法。上左／上がり框と子供部屋、寝室を行き来するのに便利な飛び石ならぬ「飛び板」もご主人のお手製。下右／デスクコーナーは3人兄妹共有。下左／子供部屋のロフト下は3人それぞれのブースに仕切られている。左手が主寝室。

家族の形に馴染む
あつらえた
家具のような家

ラワンの天井は色味のばらつきをランダムに配置できる縁甲板に。障子の桟は吉村順三の寸法で18ミリと太め。桟が太いと小割りにしなくて済み、繊細な和の趣にならない。

るんじゃないか。キッチンから斜めに見た時にお隣の家の壁が見えなくなるし、ソファに座った時に道路の向こうの看板が見えなくなるに違いない、と。

周囲の環境は家が完成した後も変化していく。「だから、まわりに期待せず、その土地の特徴を活かすことが大事です。学生時代、益子先生に言われたことがあります。『敷地にもし猫がいたら、猫の動きをよく見るといい。猫は気持ちのいいところを見つける天才なんだから』って」。

1階は寝るところとご主人のアトリエ、2階は日中使うところと水回り。上下階合わせて60㎡ほどの小さな家は、ワンルーム的に大まかにゾーニングされている。玄関からご主人のアトリエまでを土間としたのは、生活の場と仕事場の間に気持ちを切り替える距離感をつくりたかったから。階段を上っていくと、屋根の傾斜そのままに2階のロフトの天井まで視線が誘われ、伸びやかに空間がつながっていく。

家は大きければいいというものじゃない

望月さん夫妻は、家づくりに際して特に何も要望は出さなかった。「収納の量とか数センチまで寸法を気にする人もいますけど、与えられた中でうまく暮らせると思ってましたから」と、奥さま。「暮らしって案外ざっくりの方が気持ちいい。そうじゃないと融通が利かなくなりますしね」と勤さん。融通が利くと言えば、勤さんの作であるダイニングテーブルとアトリエの作業台は秀逸だ。見た目は大きさも雰囲気もまったく違うが、脚部は共通で、しかも「引っ越しする時、ドアを通り抜けやすいサイズ」で考えられている。前の家から持って来て、今回、天板を変えてリ・デザインした。五人家族がゆったり囲めるウォールナットの無垢板テーブルが中央にあれば、だんらんの設えはもうそれだけで十分。

アトリエの階段下部分はデスクと収納と飾り棚。

上／玄関土間に連続するアトリエは小さいけれど、北側に視線が抜ける開口部のおかげで圧迫感がない。下／小さな作品はここで、家具などの大きなものは大磯のアトリエで制作する。

上／「ブラックチェリーのキッチンカウンターは本当によかった」と奥さま。要所要所にいい材を選ぶと暮らしの質がグッと上がる。
下右／キッチンの木部はカウンターのみに抑え、他は白くすっきり爽やかに。下左／丸柱はこの家の大黒柱。すぐ先にある水回りスペースとの結界の役目も果たしている。

上／コーナーには八島さんの勧めでソファを造り付けた。障子を閉めると出現する白い壁は、しっくいの質感に限りなく近いクロス貼り。下／階段脇の収納カウンター。ふだん使う食器類はここからサッと取り出せるので、子供たちもお手伝いしやすい。

「家は大きければいいというものじゃありません。大きな家も小さな家も、みんながよく使うスペースは同じ。コンパクトでも、要所要所に素材感豊かな材料を使うことで空間の質は上がりますし、造作家具が必要なところにちゃんとあると暮らしやすく快適になります」と八島さん。白く塗られる予定だったロフトの天井も、差し込む光の美しさを現場で見上げて、ラワン合板に差し替えることに決めた。毎日向き合うキッチンのカウンタートップには厚さ30ミリのブラックチェリーをぜいたくに使った。収納扉や引き出しがふわりと閉じる金具を選ぶのも譲れない点の一つ。なぜなら「パタン！ と音を立てるだけで全体の質が落ちてしまう」から。もちろん、限りある予算の中で我慢したところもあったはずだが、「それが特に気にならない」と望月さん。八島さんは常に選択肢を三つ四つ用意して、その中で優先順位を決めながら、組み合わせの中でうまく帳尻を合わせる術に長けていた。

どこに行っても、いい感じ

「本当に隅々までよく考えられています。どこに行っても、どこに座ってもいい感じ。機能的にはもちろん、見た目も、居心地も、光の具合も」と夫妻は口々に言う。この家に暮らし始めて、今日がちょうど1年目の記念日。「仕事に追われてなかなかゆっくりできないんですけど、たまに昼間一日家に居られる日があると、ここに立って、しみじみと『いい家だなぁ』って思うんですよ」。キッチンでお昼ご飯の支度をしながら奥さまは微笑んだ。

斜めの屋根に包まれたワンルームにはおいしそうな匂いが漂っている。さっきまで喧騒の中、卓球台として活躍していたテーブルは、お兄ちゃんたちの手できれいに片付けられて、みんなで手際よくランチのセッティング。小さな家は今日も幸せいっぱいなのだった。

右／リビング上のロフトにはかなりのモノが収納できる。将来は誰か1人上に寝てもいいかな、と勤さん。左／ロフトから我が家を見下ろす。いろんな場所に行けて、別の視線を楽しめるというのも大切だ。

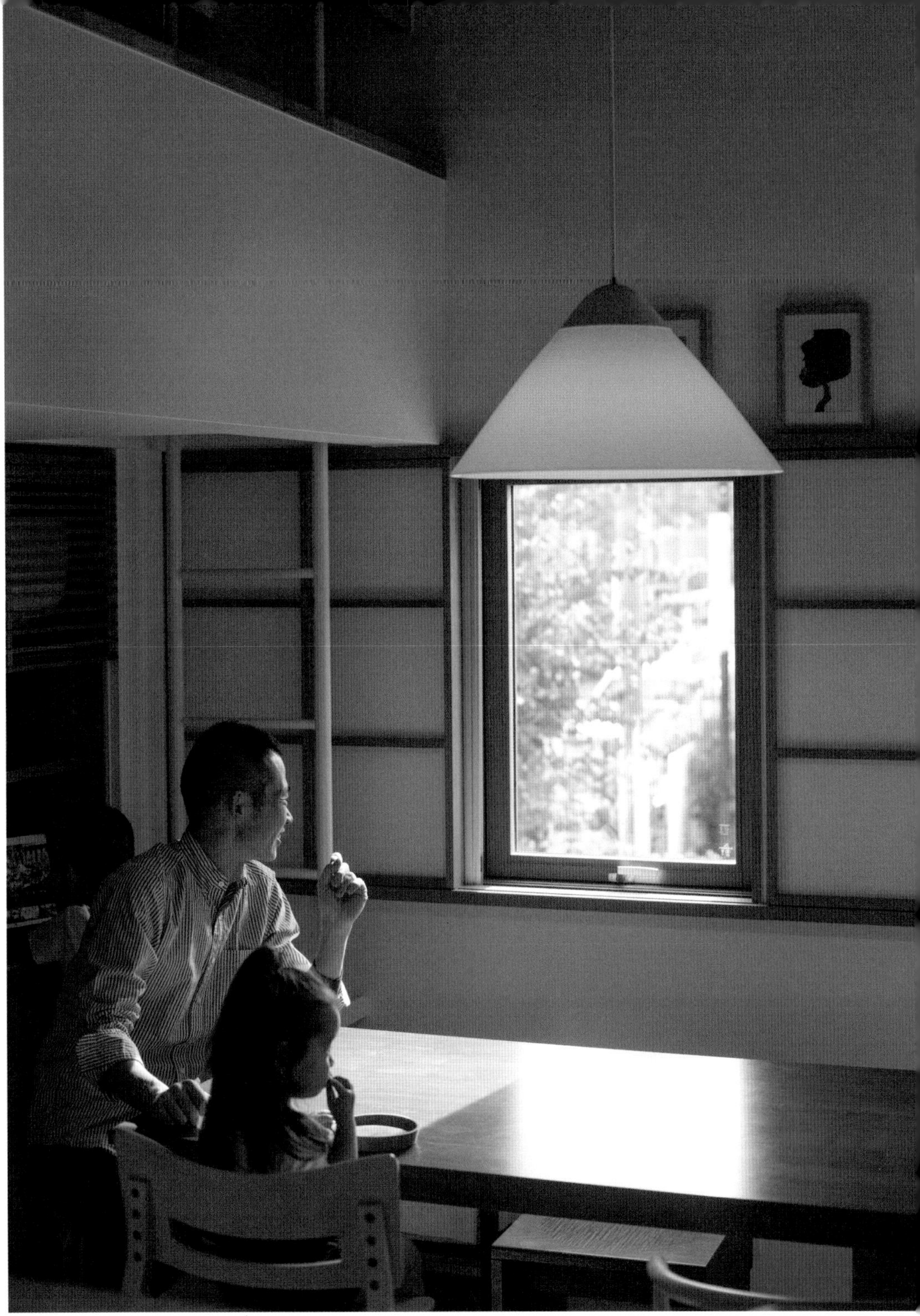

ロフトへのはしごは障子の桟と被らないように白いスチール製に。こちらの窓の前には、この時まだ建物が完成していなかったがその後賃貸住宅が建った。現在は光と風を入れる開口部として機能している。

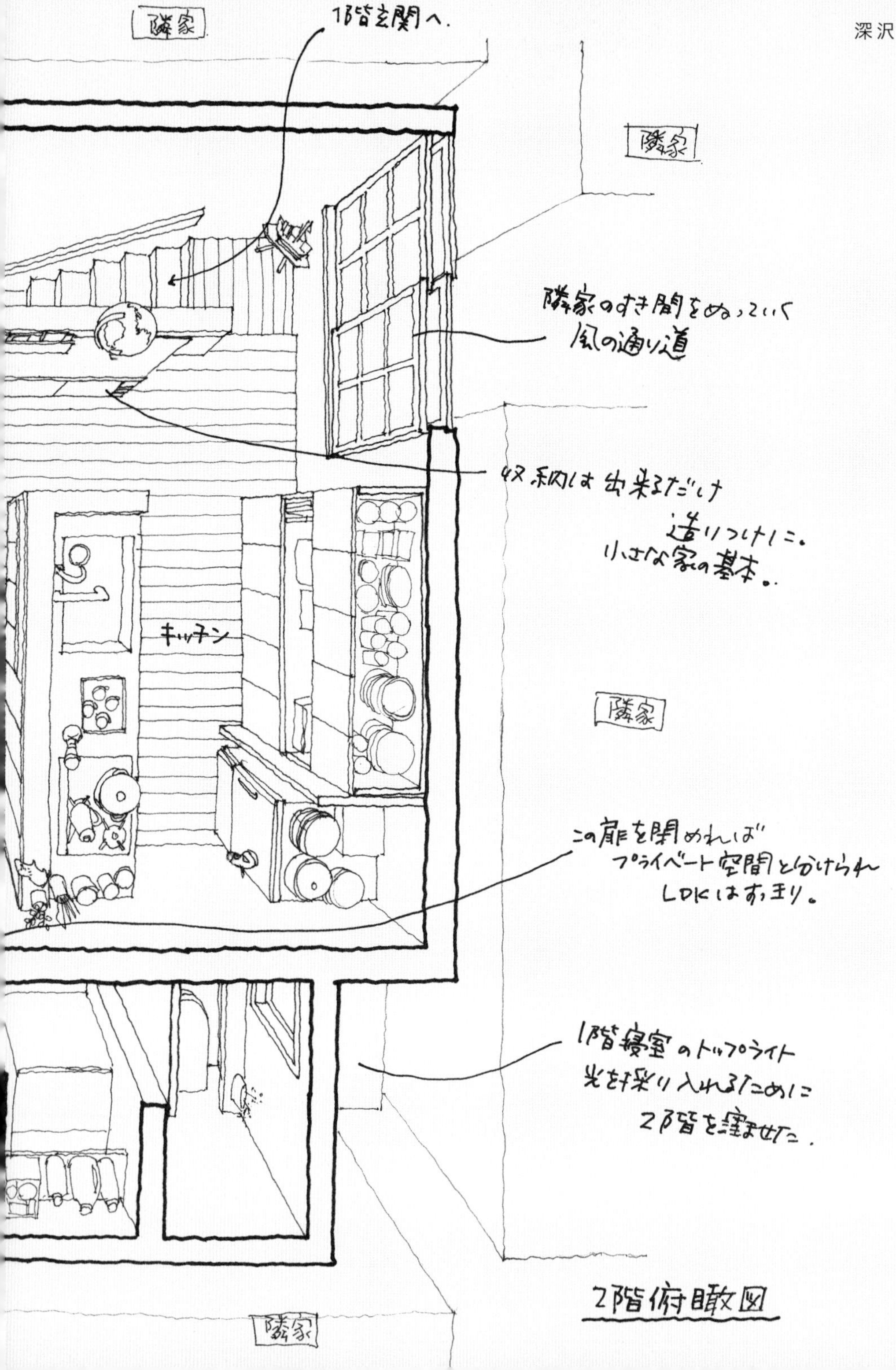
隣家
1階玄関へ.
隣家
隣家のすき間をぬっていく
風の通り道
収納は出来るだけ
造りつけに。
小さな家の基本。
キッチン
隣家
この扉を閉めれば
プライベート空間と分けられ
LDKはすっきり。
1階寝室のトップライト
光を採り入れるために
2階を窪ませた.
2階俯瞰図
隣家

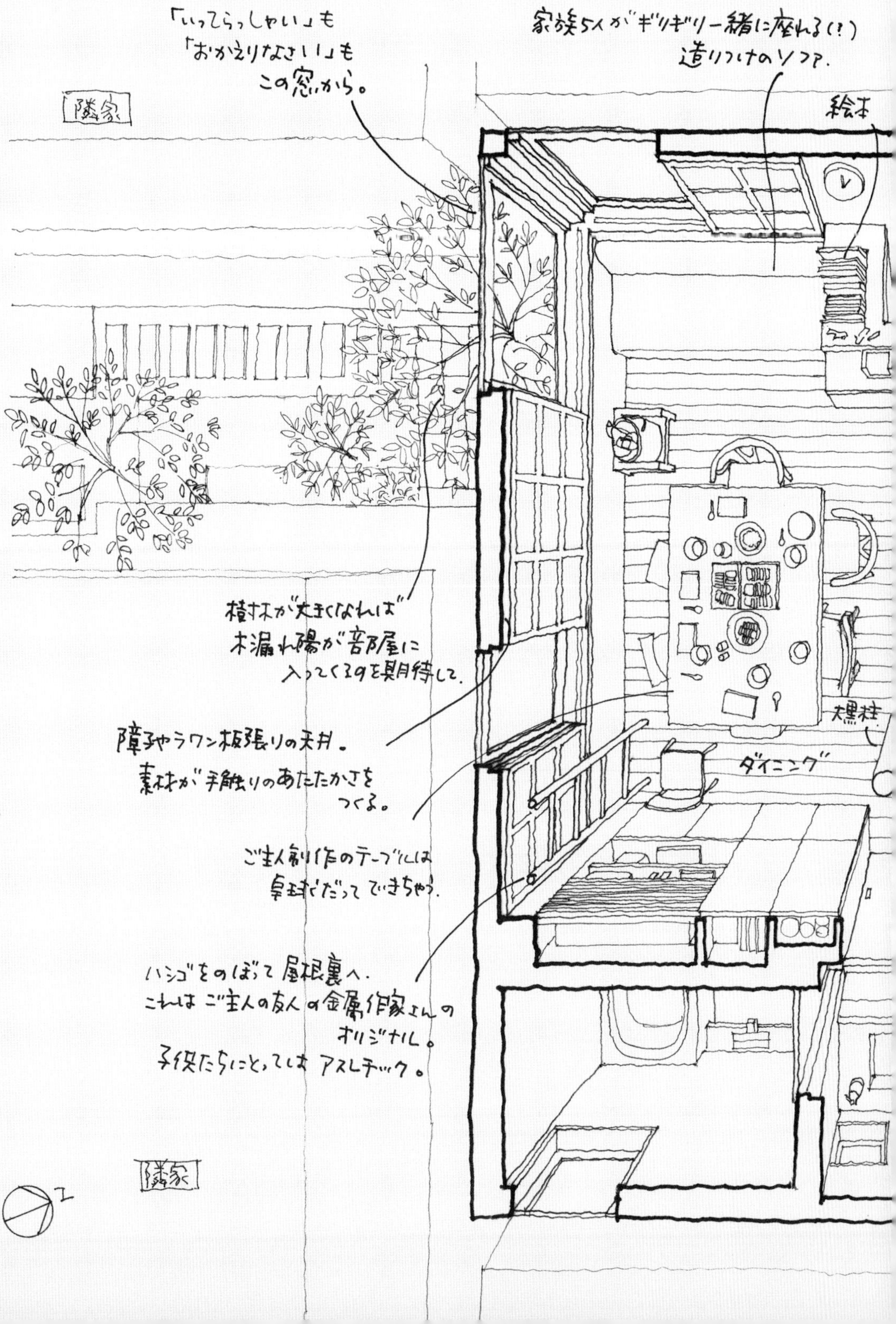

「いってらっしゃい」も
「おかえりなさい!」も
この窓から。
家族5人がギリギリ一緒に座れる(!?)
造りつけのソファ。
絵本
隣家
樹木が大きくなれば
木漏れ陽が部屋に
入ってくるのを期待して。
大黒柱
障子やラワン板張りの天井。
素材が手触りのあたたかさを
つくる。
ダイニング
ご主人創作のテーブルは
卓球だってできちゃう。
ハシゴをのぼって屋根裏へ。
これはご主人の友人の金属作家さんの
オリジナル。
子供たちにとってはアスレチック。
隣家

都市部では大きな土地をいくつかに分割し、小さな分譲住宅が密集して新築されるミニ開発をよく目にする。分割の際には「旗竿地」という細い通路を持った土地が生まれ、周囲を新しい建物で取り囲まれる形になる。［深沢の家］もそのような敷地だったので、窓先に隣家が立ち並ぶことは予想できていた。唯一確保できるのは旗竿地の竿の部分。アプローチも兼ねるこの部分を細長い庭として緑を植えることで、玄関までの道程の雰囲気がよくなるし、この部分に面する位置へ窓を設けることで見通しもよくなる。また幸運にも南側道路の敷地だったので日当たりの確保もできる。そのうえ竿の延長線上はちょうど裏手の建物同士の隙間にあたるため、この部分は風が抜けることもわかった。こうした土地の状況をふまえ設計を始めた。

敷地は22坪（約73㎡）ほどの旗竿地で、配置できる建物の大きさはおよそ5×6メートルが最大。この中で家族五人（依頼時は四人）が暮らし、木工作家である夫のアトリエも組み込みたいという依頼だった。

設計当初からLDKと浴室は日当りのよい2階に配置して欲しいという要望だったので、冷蔵庫や洗濯機、ユニットバスなど寸法の変えられない物と手持ちのダイニングテーブルを置いた上で、残りの寸法をどう割り振るか考えた。大黒柱的な中央の柱も、どの位置に配置すると動線上支障にならず空間のアクセントになるかを、構造と共に慎重に検討を重ねた。床面積が限られている際には、造り付けの家具はとても有効なのだが、使いやすい形状に合わせて詳細寸法の検討が重要になる。しかし、自ら家具もつくる木工作家の施主からは「大体の寸法で大丈夫ですよ」という心強い回答だった。実際、仕切り棚の追加などは施主にとってはお手の物だったので、汎用性が高く、部屋に対してちょうどよいバランスになるよう家具も設計していった。

1階は寝室二つとアトリエが並ぶが、いずれも家族独自の使い方から導き出された動作寸法によりコンパクトにまとめ、少し広めの玄関土間まで確保することができた。土間の先のアトリエには、隣家の隙間へ続く風の抜ける窓を設けた。小さな家だが、道路まで見通せる日当たりのよい大きな窓に造り付けのソファ、さまざまな飾り棚を点在させるなど遊びの要素も盛り込まれた住宅になったと思う。

建物をオーダーでつくる場合、多くの可能性が生まれる。素材は勿論だが、空間や家具の寸法もミリ単位で調整することができる。規格品ではないからこそ得ることのできる自由だ。寸法を決める時には使い勝手や経済寸法が重要視されることが多いけれど、それとは異なる視点で生まれるデザインもあると思う。「この部材は、機能上はこんなに厚みは必要ないけれど、厚い方が安定感があるように見えていいんじゃないか」とか、「同じ部材がたくさん並ぶからそれぞれを華奢に見せないと全体としては少しやぼったく見えるかな」とか、場所毎に押さえどころ守っていれば限られた面積の中でもすっきりとした姿にまとまっていく。それはとても感覚的で、家具を選ぶ時に触った感じがなんだか手に馴染んだとか、ちょうどよい重さだったとかそういうイメージに近い。それこそ家具をつくるように、手で撫でながらしっくりくる寸法感を模索する。そんなふうに家がつくられている部分も結構あるのではないかと思う。

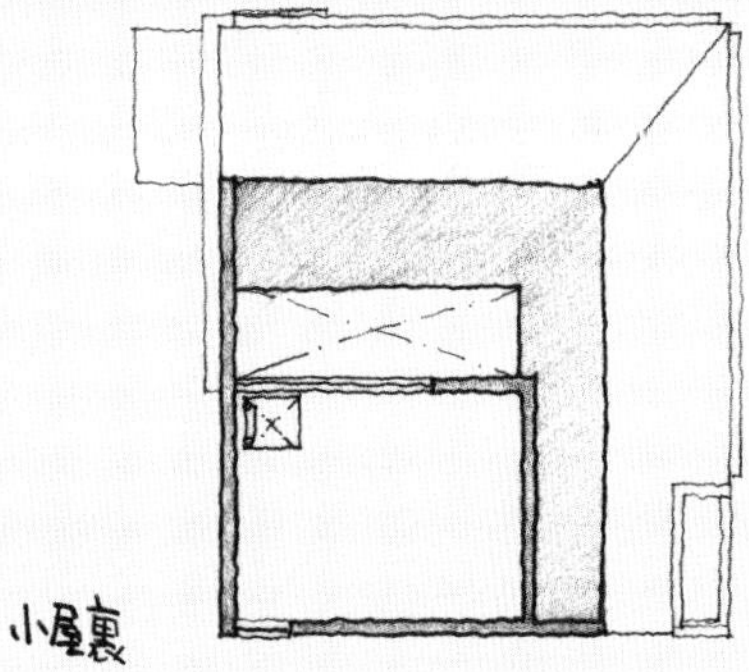

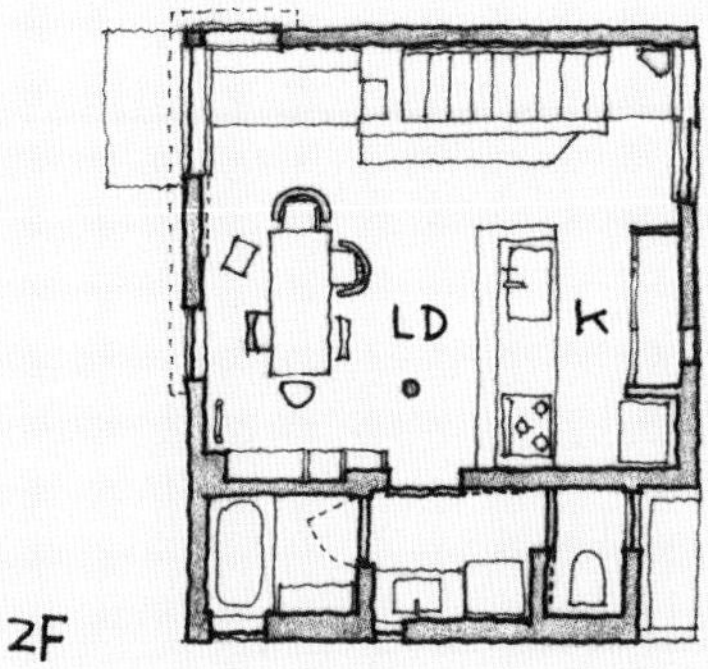

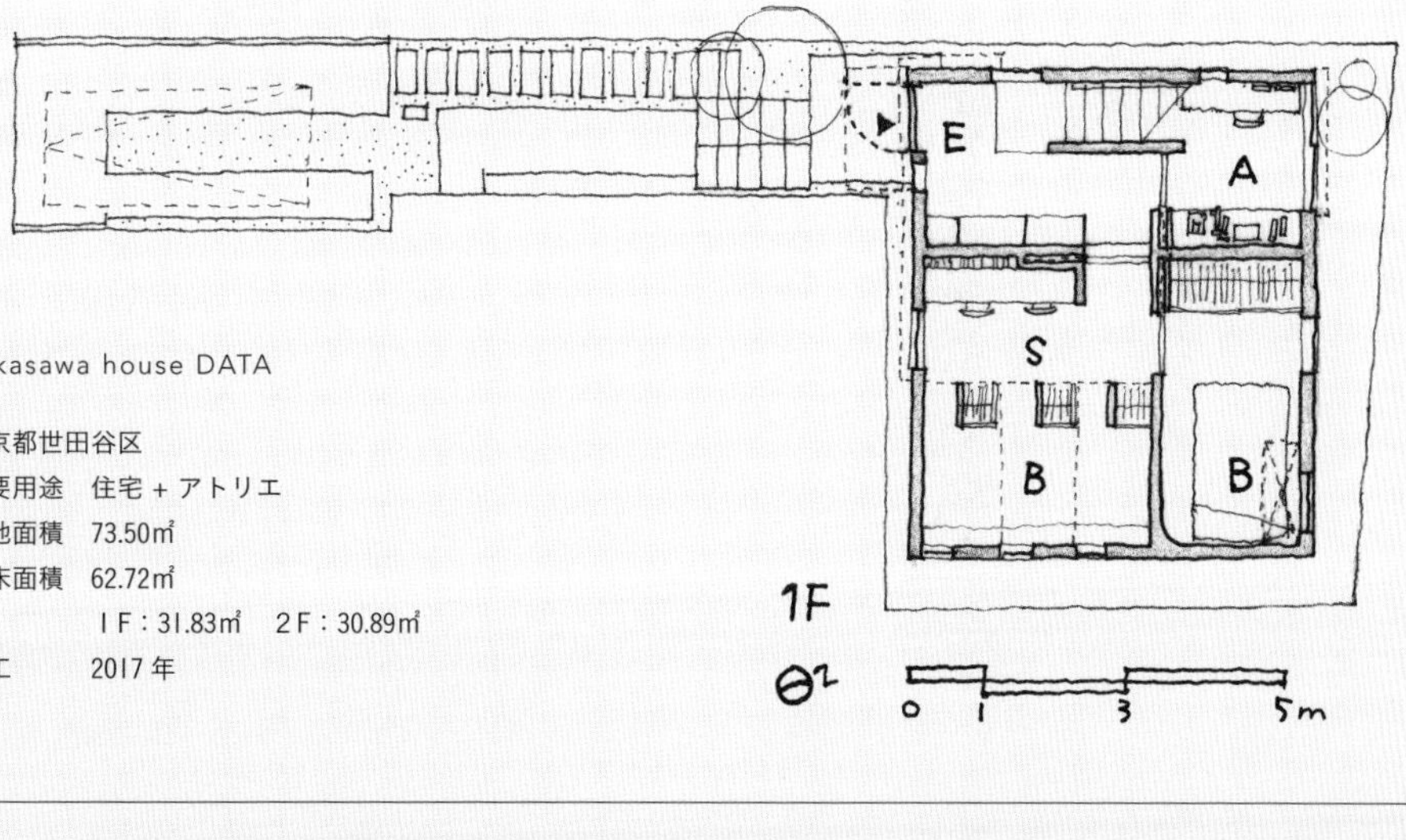

Fukasawa house DATA

東京都世田谷区
主要用途　住宅＋アトリエ
敷地面積　73.50㎡
延床面積　62.72㎡
　　　　　1F：31.83㎡　2F：30.89㎡
竣工　　　2017年

火の愉しみ

「キッチンはガスコンロにしますか？　ＩＨ（調理器）にしますか？」
設計初期で施主さんに確認する定番の質問だ。

特徴が異なるのでどちらがよいとはいえないけれど、原始的な人間なのか僕はやっぱり料理は直火で調理する（してもらう？）のが好きだ。

我が家の料理長の妻が鍋やフライパンを舞台に、様々な食材と炎を相手に格闘している様子を眺めているだけで、美味しそうな匂いと音の効果もあってか食事前のひとときがとても幸せな時間となる。

普段の料理は経験の積み重ねや腕前がそのままストレートに味として現れるので、僕の入り込む余地がないのだけれど、親族や友人が集まったり特別な日などには、振る舞いも含めた愉しみとして燻製や七輪を使った調理を担当する。炎と煙の効果もあってか、炭やチップに手際よく火をつけることができるだけでそれなりに皆から感心されるので、こちらもなんだか得意気になる。本当に火様様である。直火で調理される食材は塩だけでも十分美味しい。煙で燻されて脳の判断もあまくなるせいかもしれないが、美味しいと感じるのはその過程も含めてのことだからだと思う。

火は万能な助人だ。調理以外にも日々の暮らしを楽しませてくれる。ゆらゆらと揺れる火はそれ自体見ているだけでも飽きることはない。

実は柄にもなく、僕にはキャンドルホルダーを収集する趣味がある。

丸太小屋でロッキングチェアに揺られながら暖炉前でウトウトと……なんていう家でなくても、普段の食卓にキャンドルホルダーを灯せばちょっとだけ特別感が出るし、客人との会話も弾む。夕食の灯り、お酒の灯り、お祝いの灯り……。小さなロウソクの灯りでも火を囲む時間はとても楽しい。

そういえば以前、ストックホルムで宿泊したホテルのロビーには大きな暖炉があった。薄暗い中でゆらめく炎はやっぱりホッとするな、なんて思いながら近づいてみると永遠と続くビデオ映像だったけれど……。

伸びやかな終の住処

二世帯住宅ではなく、敷地内に親の家と子の家を別々に建てるという選択もある。

大きな母屋は若い家族に譲って、自分たちは小さく快適な平屋に暮らしたい。

２軒で中庭を共有しながら互いにちょうどいい距離を保てる、新しい「二世帯近居」のかたち。

辻堂の家

Tsujido house

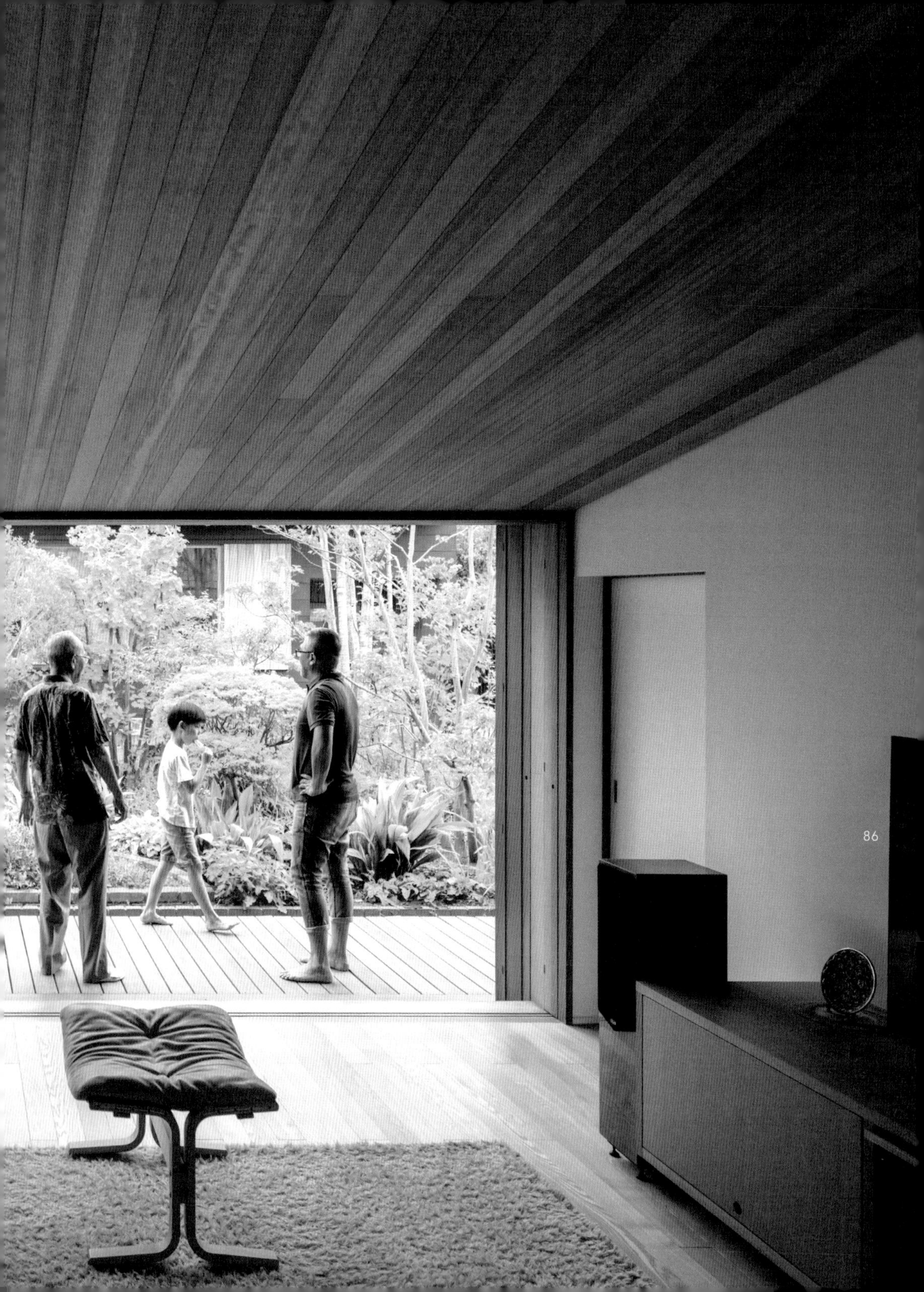

中庭に向かって大きく開く開口部。庭の緑越しに息子夫妻の家の様子がなんとなく感じられる。「向こうの家にはウッドデッキがないので、孫たちがよくここで遊んでますよ」とお父さま。

敷地の前の通り一本隔てた南側には国道沿いにレストランが建っているのが見える。「あそこにはもともと祖父母の家が建っていたんですよ」と川澄さん。「明治の頃の建物だったんじゃないかな。竹藪に囲まれた古民家と言っていい風情の家だったんですけどね」。街道に残る史跡によれば、この辺りは東海道の藤沢宿から大山道に入る分岐点で、江戸時代には丹沢の大山詣でに向かう旅人で賑わったらしい。そんな要所にあって古くから町の景観に馴染んでいた旧川澄邸だったが、お祖母さまが亡くなると古い建物を維持していくのはやはり大変で、川澄さんのご両親は思い切って家を解体し、その後、その場所にはレストランが建った。

それと同時に浮上したのが実家の建て替え計画である。国道沿いの祖父母の家から通り一本隔てた場所で、ご両親が子育て真っ盛りの頃に建てた2階建ての大きな家。築25年を過ぎて、そろそろ手入れが必要な時期を迎えていた。

親と子、それぞれの家を建てる

「夫婦二人暮らしには広すぎるね、階段の上り下りの必要がない小さな平屋を建てたいね、なんて話をするようになりまして」とお母さま。スペース的には余裕があることだし、庭先に自分たちのための家を建て、住んでいた実家は将来、東京に暮らす息子一家が戻って来た時に好きなように建て替えたらいい。——今回、2009年にまず1棟目となる「辻堂の家」が、少し間を開けて2016年に「続・辻堂の家」（98頁）が建てられることになったきっかけはそこにある。

「もう一つは、レストランができるとたくさんの方が来られるので、人目をシャットアウト

南側はレストランからの視線を遮るために開口部をあえて絞った。

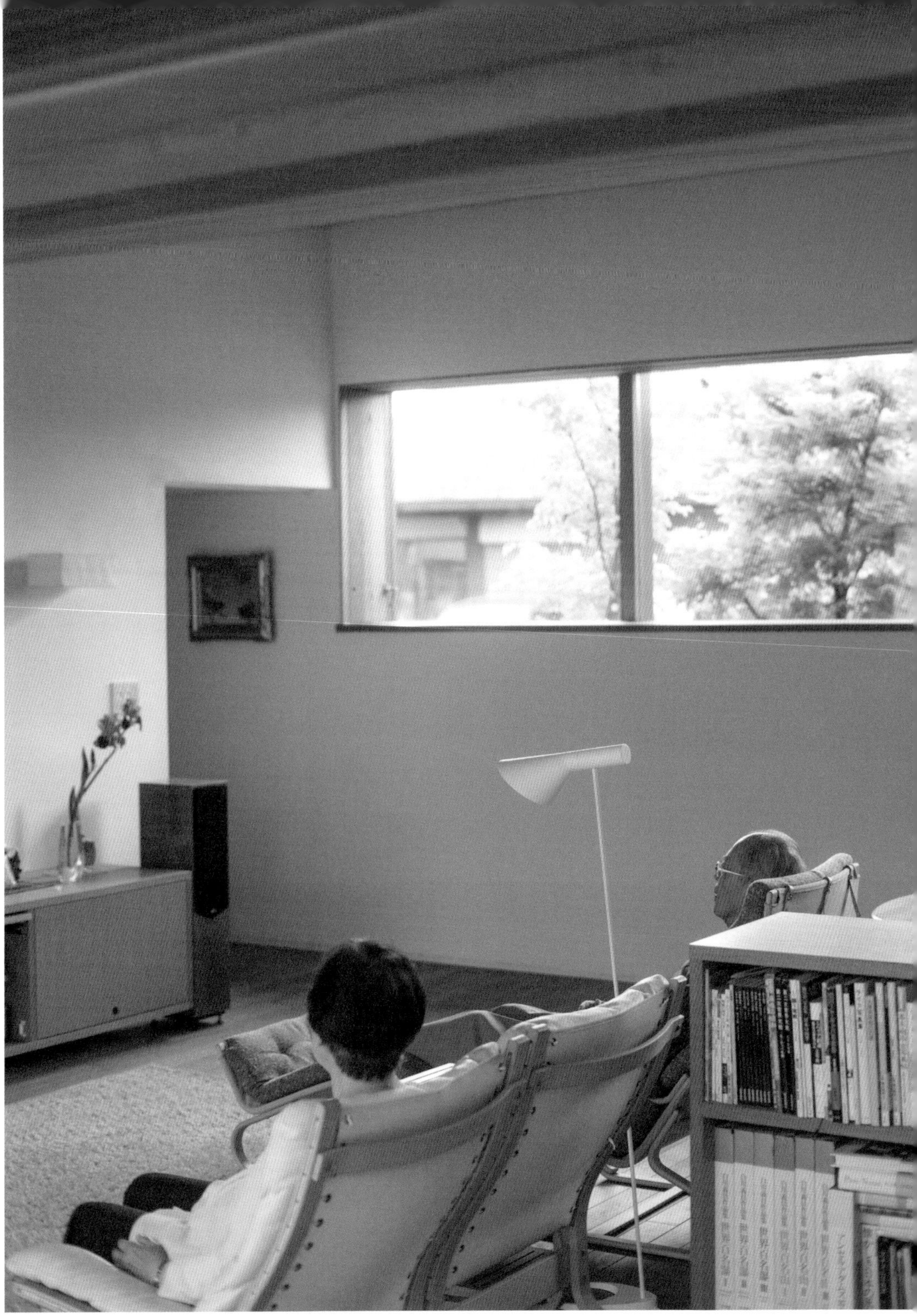

「窓のすぐそばに木が植えられているのがとてもいいんですよ」とお父さま。座っていて、窓から常に空と緑が眺められる。

したい、ということがありました」とお父さま。家の内部のプライバシーを守るだけでなく、手前に平屋を建てることで奥の息子の家（続・辻堂の家）や庭への視線を遮ることができたら、という意味も含まれている。

二世帯住宅を建てて同居しようという考えは、親子双方まったくなかったという。「私たちも結婚当初から母屋の別棟に暮らしていましたから。お互いその方が暮らしやすいでしょう。将来的には共通の庭を中心にして、いわゆる『スープの冷めない距離』で2棟を建てたらいいんじゃないか、ということで」。まさに理想的な展開である。

設計者を誰にするか、どんな家にしようか、と主導していったのは息子夫妻だった。子供の頃から建築に興味があったという息子の川澄さんは、雑誌やインターネットのサイトで八島さんたちの手がけた住宅を見た時、「クリーンで、尖っていないデザイン」という印象を受けたという。「専門的な知識はなかったので、決め手は雰囲気のよさだけだったんですけど、そこかしこに漂う本物感はわかりました」。

ご両親を伴って出かけた打ち合わせの際に持って行ったのは、ブラジルで撮影された坂本龍一のCDジャケットと鎌倉のスターバックスの店舗の写真。片流れの屋根に包まれて庭に向かってゆったり開ける平屋のイメージはそこから来ている。暮らしの面では、「寝室のすぐ近くにトイレをつくって欲しい」「来客が多いのでプライベートの居間とは別にオフィスをつくりたい」という要望があった。

空間を開きつつ、プライバシーを守る

八島さんが意識したのは、庭を確保してできるだけシンプルな形状とすること。数年後に建

上／外壁材は海からの潮風を考慮して選んだガルバリウム鋼板。工業製品的な硬いイメージにならないよう、板金職人の手仕事が感じられる平葺きで仕上げた。下右・左／互いの家から空を広く見せるために、建物の高さを抑え、中庭に向けて屋根を傾斜させている。たっぷり一間幅のウッドデッキは外リビングとして活用度が高い。

ふと見れば目が合う
その距離感が
ちょうどいい

左右どちらからも出入りできるキッチンはとても便利。窓の位置が高い分、テーブルまわりが漆喰塗りの壁に囲まれて落ち着きを感じる。

てる子世帯からの視線も考えて、互いの家から空を広く見せるために中庭に対して屋根を傾斜させ低く抑えることにした。

「中庭に対してもそうですが、まわりに対しても低く抑え、ゆとりを持って建てるということを意識しました。以前の家は広い庭が通りから見えていたので、その印象を大事にしたかったということもありますし、地域に長く暮らす旧家として、品よく、堂々とした佇まいでありたい、と」。敷地いっぱいに建てるのではなく、南側の庭を公開空地のように開いたのもそうした配慮からだ。

南の前庭は通りから一段高く、重なる緑の層がしっかり緩衝地帯としての役割を果たしている。横長の建物の内部はいたってシンプル。リビングダイニングを挟んで片側はオフ

上・下／玄関や廊下には小物を置いて楽しめるニッチが。家中のそこかしこに絵画が飾られている。

ィシャルなゾーンとなっていて、玄関から直接土足でアプローチできる事務所には、内側から和室を通ってお茶を出すこともできる。キッチンの向こうにはプライベートな寝室と水回りがまとめられた。

南側の開口部は、レストラン側からの視線を遮るというコンセプト通り、高く小さく絞られているが、「住んでみるとまったく気になりません。この窓のそばに木が植えられていて、見上げると空と緑がいつでも眺められるというのがとてもいいんですよ」とお父さまは言う。

もう一つ、大いに気に入ったのは、屋根と外壁を覆うガルバリウム鋼板。八島さんたちは、常々できるだけ温かみのある素材を使いたいと考えているが、決定する前に、住み手がメンテナンスについてどんな意識を持

明かりが灯る穏やかな時間。中庭越しに互いの家の団らんを眺められるのもいい。

っているかを必ず確認するという。木の家はやはり手入れが大変だということがわかっているし、ここは湘南の海にも近いので、季節によっては潮気を含んだ風雨が吹き付ける可能性もある。メンテナンスにはあまり気を遣いたくない、というご両親に八島さんが挙げた選択肢の中からお父さま自身が選んだのが、このワインレッドのガルバリウム鋼板だった。

「これは正解でしたね！　10年経ってもまったく色褪せないので、塗り替えないでいい」と大絶賛。お母さまは「真夏は表面を触るとすごく熱いんですけど、断熱がしっかりしてるから中はなんとも涼しい。主人は、『雨の音がいい、南の窓にザーッと雨が当たるのがいい』なんて言うんですよ。前の家を建てた時は『瓦屋根は雨の音がしないのがい

中庭には、新しく植えた木々に混じって、思い出深いご両親の家の庭から移植してきたドウダンツツジやソテツの姿も。

い』って言ってたのに」と笑う。

親・子・孫の三世代を繋ぐ庭

南の窓は、夏は経木簀戸に、冬は障子に葉陰が美しく映り込む。ラワンの板張りの天井は屋根の傾斜そのままに北側に下りていき、視線もそれに従っての軒の向こうに広がる庭の緑に伸びていく。そして、中庭越しに息子一家の暮らしの気配がなんとなく感じられる。広い縁側は孫たちの格好の遊び場だ。

「子供たちは叱られるとこの家に逃げ込むんですよ。僕もそうだったから」と川澄さんは笑う。庭の向こうにおじいちゃん、おばあちゃんちがあるというのは、大人だけでなく子供にとっても安心で便利なのだった。

家の佇まい

敷地は海からほど近い住宅街で、今も松並木が所々に残る国道のすぐ脇に位置する。［辻堂の家］は長年暮らしてきた家を子世帯へ譲り、それまで庭として使ってきた敷地に新たな家を建て住み替える計画だった。

建物を設計する際、気にかけていることのひとつとして周辺環境との調和がある。新しい建物を既存の街並みにどう馴染ませるかはとても重要で、建物が密集した都心などでは話が別だが、どの家もおおらかに建つ住宅地に突然違和感のある建物を建てることは避けたいと思う。もちろん「自分の土地に自分の住む家を建てるのだからどんな家だって構わないだろう」という考え方もあるかもしれないが、建物は街並みをつくり、ひいては自分に還元されると思うので大切に考えたい。特にこの計画は住み慣れた街での建て替えということもあり、より自然に馴染むことを心がけた。

長らくそこに建っていた元の家と街との繋がりや、品のよいおおらかな印象をどう残すか。幸い敷地面積には余裕があったので高い塀を設けずに、南側の前庭を中心として敷地全体に植栽スペースを確保し、緑の場を街へ提供するかたちとした。

建物は東西に長い長方形で、LDKを挟んで東側に来客用の和室と仕事場、西側に寝室と水回りというシンプルなプランとした。LDKには特徴的な窓を南北二面に設けた。中庭に面した北側の大きな掃き出し窓は、建具を戸袋に引き込むことで全開にすることができ、子世帯が暮らす既存家屋（後に［続・辻堂の家］に建て替え）と共有する中庭へ繋いだ。幅が5メートル以上あるとても大きな掃き出し窓には、落ち着いた空間にするため障子を建て込んだ。日が暮れると子世帯側からはうっすらと障子に人影が映りこむ様子が見え、両親の気配を感じとることができる。一方、南側の窓は国道側にあたる。国道沿いの飲食店の駐車場は人の出入りが多いので、プライバシーを守りたいという要望をふまえ、道行く人からは室内が見えない高さまで窓の位置を上げ横長の窓とした。実はこの高さは道路側に植えた樹木の木漏れ日を部屋に落とすのにちょうどいい位置にもなる。夏の緑濃い時期には適度に日差しを遮り、冬の葉が減った時期には暖かな日差しを届ける。通りから見た際、室内を覗くことはできないのだが、傾斜したラワン板貼りの天井に照明が当たり、温かみを感じる雰囲気が興味を引くらしく、道路から塀をつくることなく十分に後退したゆとりあるアプローチも含めて「何かのお店ですか？」と声をかけられることもあるという。

必要以上の生活感は感じさせないが、人の暮らしの温かさのようなものが少し滲み出るような雰囲気が感じられるとふと穏やかな気持ちになる。適正な位置に窓を設ければ高い塀で囲む必要もなく、プライバシーを確保することもできる。建て替え前とは異なる新しい風景だが、自然と街に馴染ませることができたと思う。

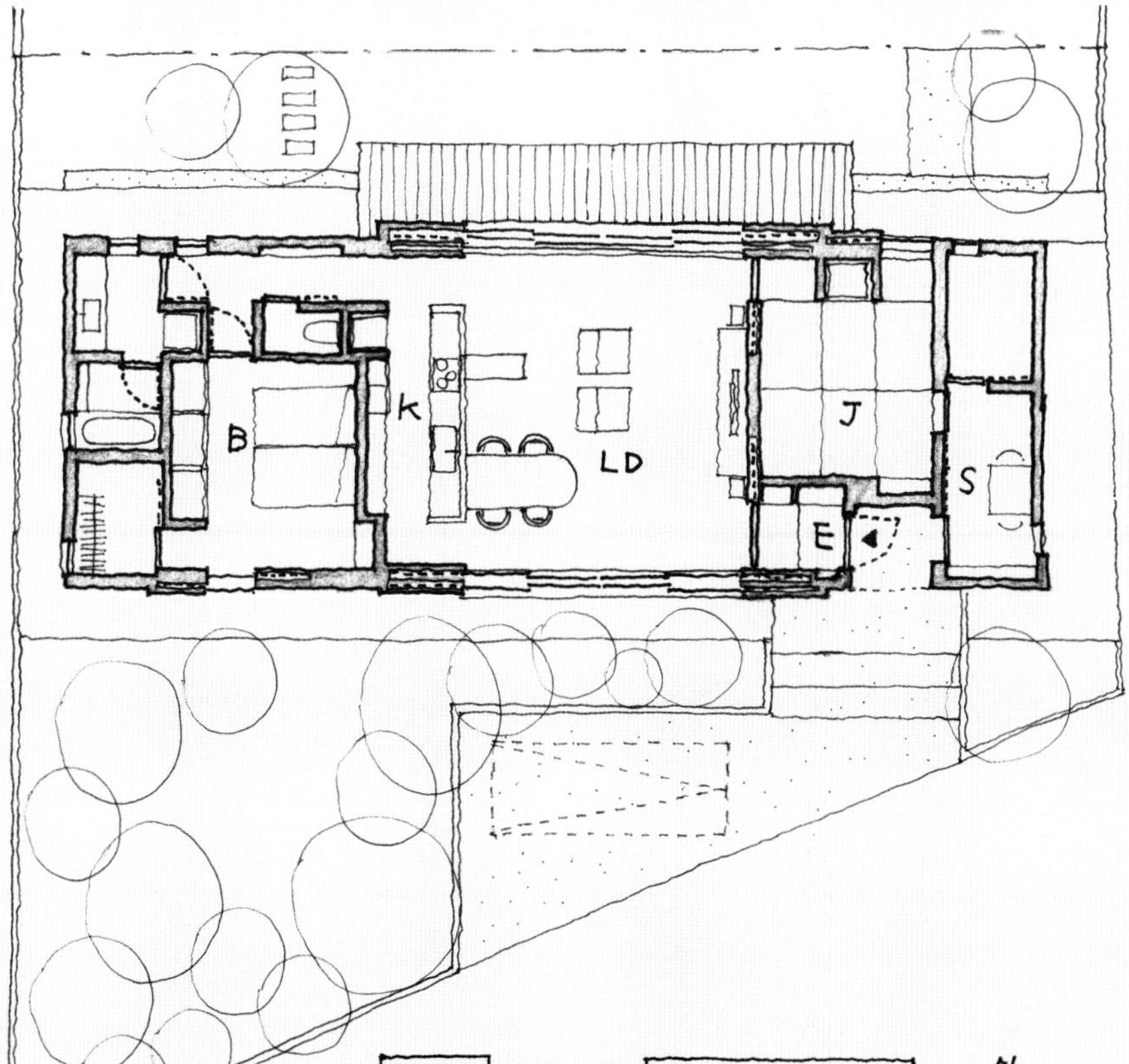

Tsujido house DATA

神奈川県藤沢市
主要用途　専用住宅
敷地面積　330.66㎡
延床面積　115.23㎡
　1F：115.23㎡
竣工　2009年
プロデュース　ザ・ハウス

三世代がつながる暮らし

両親の家づくりを通して建築を見る目が変わった。
じっくりと時間をかけて、自分たち家族に本当に必要なものを見つめ直していく作業。
生活に対する細やかな視点、考え抜かれた機能と美しさに
心の底から満足できる家ができた。

続・辻堂の家

Tsujido house 2

南側の開口部は掃き出し窓ではなく、あえて腰高にして包まれ感を大事にした。緑の先に見えるのがご両親の家（辻堂の家）。

大窓越しに感じる
おおらかな緑と
家族の気配

実家の敷地内に、まず両親が自らの小さな家を建てて移り住み、数年後にゆっくり実家を建て替えることにした川澄さん夫妻。両親の家である「辻堂の家」（84頁）を計画していた当時はまだお腹にいた長男が小学生となり、次男も生まれ、いよいよ自分たちの家づくりに取りかかる時がやってきた。

両親の家の時には、感覚的な雰囲気のよさがすべての判断基準だったが、八島さんを通して吉村順三を知り、考え抜かれた空間の美しさを理解するようになり、そこからフィードバックして八島さんたちの建てる家のよさが改めて理解できるようになったと言う。

「親の家で実感できました。今はけっこうこういう〝和モダン〟的なスタイルの家が増えていますけれど、『似て非なるもの』であることがわかりますね。障子の桟の比率とか、建具を全部引き込めるとか、居場所によって天井の高さを変えるとか、そこまで考えられているかどうか。八島さんの家はすべてに理由がある。そういうことが最初は全然わからなかったんです」

「家で過ごす」ということ

実をいうと、八島さんたちに依頼する以前、ハウスメーカーで親子2軒の家を一緒に建てることを検討していた時期があった。それは、介護の必要な長女のためにはエレベーター付きの注文住宅がいいだろう、という思い込みがあったからでもある。

住宅展示場を巡り、3社に声をかけると無料で図面を引いてくれた。「びっくりしました。あまりにも早くて、効率優先で（笑）。どれも1階にリビングがあって、2階に子供部屋があ

右／障子を閉めると雰囲気が変わる。障子の桟の太さや縦横比はその家の開口部の大きさによって異なる。左／屋根を低く抑えた分、空が広い。

中庭側には両親の家との行き来に便利な家族用の玄関がある。キッチン前の軒下空間でバーベキューをすることも。

る当たり前のプランでした。だって、リビングは何畳欲しいですか？　どうしたいですか？って、聞いてまとめるだけですから当然ですよね」と奥さま。どこか納得がいかないまま、それでも「こんなものかな」と契約寸前まで行ったが、最後の最後で思いとどまったのは、やっぱり長女のことがあったからだ。

いちばん上のお姉ちゃんは生まれつき体が弱く、医療ケアが欠かせない。お風呂に入れる動線も考えなくちゃいけない。泣いたらすぐに様子を見に行けるようにしたい。でも、始終付きっきりでは家族が疲れてしまうし、下の男の子たちにもストレスが溜まるだろう。

「そういうことがあったので、私たちは家づくりについて、家で過ごすということに対して特に真剣だったんです。機能的にも、精神的な面でも。八島さんたちはそれを理解してくれた、という気がしますね」

八島さんのプランを見て感心したのは、長女の部屋を家中のいちばんいいところに持ってきてくれたことだった、と奥さまは言う。

「キッチンに立った時の目線で長女の部屋が見えるんです。長女の部屋だけ掃き出し窓にして庭に出やすいようにしたり、訪問看護の人がリビングを通らずにそのまま部屋に行けるようにしてくれたり、廊下を隔ててすぐ目の前にお風呂があったり。それはやっぱりすごいな、と思いましたね。そう、子供部屋を1階にすればエレベーターなんて必要ないんですよ！」

2軒の家のボリュームバランス

当初は、長男と次男の部屋も1階につくって、中庭を囲む平屋のコートハウスにすることも考えたが、規模が大きくなると、道路との段差もあり基礎工事が大がかりになるため、子供部

右／最近、新しく家族に加わった猫のタビーちゃん。左／休日はリビングの椅子でのんびり。

キッチンから家中を見渡すことができる。見上げるとすぐ近くに子供部屋の窓。屋根の高さを低く抑えた分２階がリビングに近く、ソファコーナーの板張りの天井下に落ち着きが生まれた。

夕方、「ただいま」と帰って来る家族を迎えるキッチンの窓。

屋と和室を2階に持って行くことにした。

「悩んだのは、ボリュームをどう抑えるかでした」と八島さん。2階建てになると、すでに建っているご両親の平屋の家とのバランスが難しい。「やっぱり平屋のプロポーションの美しさには勝てませんから。北側を掘り下げて低くするのはいいけれど、ある程度高さがないと、後ろの家の屋根が見えてしまうし」

主寝室を掘り下げたのは、駐車場と玄関に並ぶ道路側の棟の高さを抑えたかったからだ。しかし、そうすると中庭に向かって傾斜する母屋の屋根との折り合いをつけるのがまた難しい。そんなわけで、場所によって床にも天井にも屋根にも微妙なレベルや角度の調整がなされているのだが、それがこの家の面白いところでもある。

 ベッドルームは廊下から数段下がっている。窓から中庭を見ると地面がすぐ近くに感じられる。

リビングの吹き抜けに面して手が届きそうな低さにある2階の子供室は、「前川國男邸のダイニング上のサロンのように」と川澄さんがリクエストしたもので、家族でよく焼肉を楽しんでいるというキッチン前の半屋外空間はレーモンドの自邸を参考にしたというから、ご両親の家の打ち合わせに坂本龍一のCDジャケットとスタバの写真を持って行った時と比べると、川澄さんの建築へのまなざしがグッと熱くなったのがわかるというものだ。

「このソファの上の天井が低く下がっているのが落ち着くんですよ。ここが潜り戸のようになって、ライブラリーから上がってきた時の開放感を感じますね」と川澄さん。低いところは木を張ってより低く、高い天井はより高く、白く明るく。その

ソファコーナーの右手奥は床が掘り下げられたライブラリー。左の引き戸の向こうはファミリークローゼット。「ソファに座ると、この天井の高さがいいんですよ」とご主人。

上・下右／吹き抜けに面した明るい子供部屋。最近、長男が中学生になったので間仕切り壁をつくる予定。下左／家族の近くにいながら籠もり感のあるライブラリーは勉強に最適。

遠すぎず、近すぎず
家族をつなぐ、豊かな緑

２世帯を結ぶ中庭はぐるりと回遊できる。ヒメシャラの木は以前から庭にあったもの。次々と新たな植物が植えられて「今はもう100種類以上あるんじゃないかしら」と川澄さんのお母さま。

「ご両親の家は“眺める庭”なので、こちらは“使える庭”に」と八島さん。フラットな場所とベンチがあると使いやすい。

一方で、開放的なリビングの南側はあえて掃き出し窓にせず、腰壁を立ち上げて囲まれ感をつくっている。
「南が掃き出し窓じゃなかったのは意外でしたが、夕子さんのスケッチを見て、あ、いいな、と。床から天井までの開口部というのは親の家でもう気が済んでましたから（笑）」

正面に見えるのはご両親の家。その脇に勝手口へ抜ける小径がある。家族は自分の家の玄関よりもこちらのルートを使うことが多いとか。手前左に見えるのは共有の物干しスペース。

親・子・孫の三世代を繋ぐ庭

子世帯の南側のテラスは、親世帯側の「眺める庭」とは対照的な、バーベキューや花火もできる「使える庭」。公園のように歩き回れる中庭には、ヒメシャラを中心に以前の庭の木々が生かされ、国道沿いの敷地にあったソテツやドウダンツツジも大事に移植された。

昔の家の記憶を残しつつ、機能的に暮らしやすく。時をかけてじっくり計画を練った2軒の家は、母屋と離れのいい関係を保ちながら、子の代、孫の代、その先もずっと上手に住み継がれていくにちがいない。

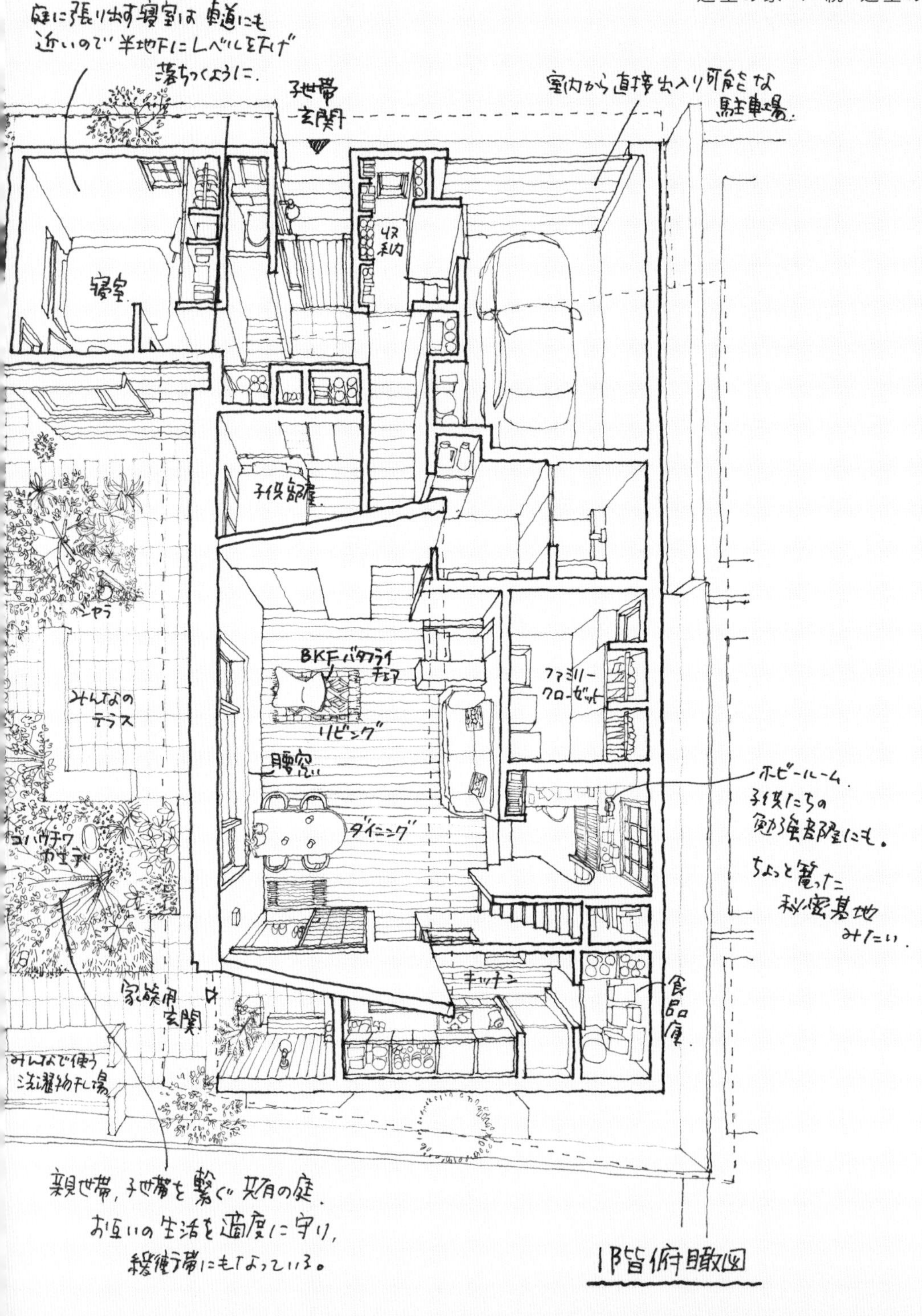

庭に張り出す寝室は 車道にも
近いので 半地下にレベルを下げ
落ち着くように.
子世帯
玄関
室内から直接出入り可能な
駐車場.
収納
寝室
子供部屋
シャラ
BKF バタフライチェア
みんなのテラス
リビング
ファミリークローゼット
腰窓
ホビールーム.
子供たちの
勉強部屋にも.
ちょっと籠った
秘密基地
みたい.
コハウチワカエデ
ダイニング
キッチン
食品庫
家族用
玄関
みんなで使う
洗濯物干し場
親世帯,子世帯を繋ぐ 共有の庭.
お互いの生活を適度に守り,
緩衝帯にもなっている。

1階俯瞰図

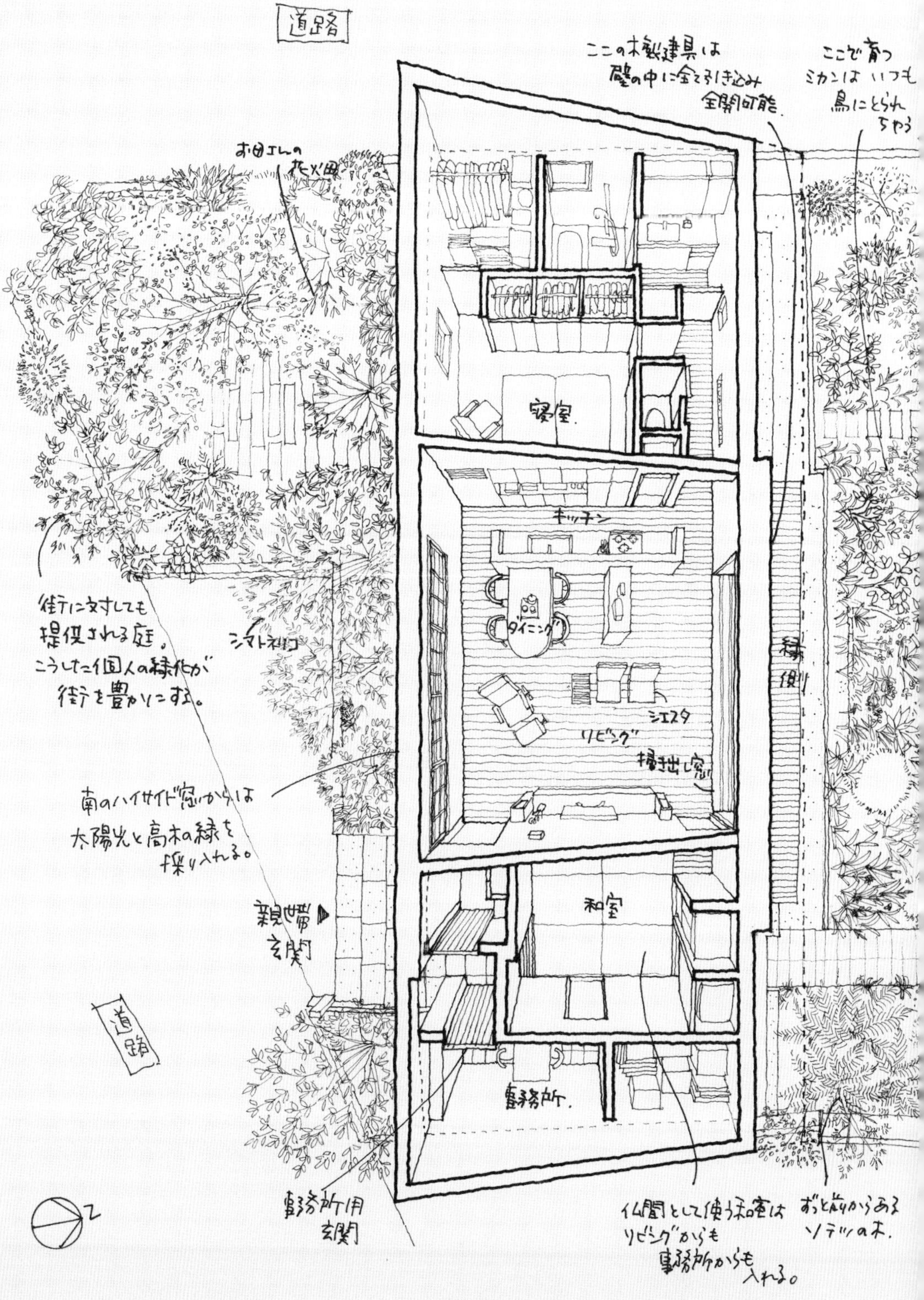

道路
ここの木製建具は
壁の中に全て引き込み
全開可能。
ここで育つ
ミカンは いつも
鳥にとられ
ちゃう
お母さんの
花火畑
寝室。
キッチン
ダイニング
シマトネリコ
シエスタ
リビング
掃出し窓
縁側
街に対しても
提供される庭。
こうした個人の緑化が
街を豊かにする。
南のハイサイド窓からは
太陽光と高木の緑を
採り入れる。
和室
親世帯
玄関
道路
事務所。
事務所用
玄関
仏間として使う和室は
リビングからも
事務所からも
入れる。
ずっと前からある
ソテツの木。

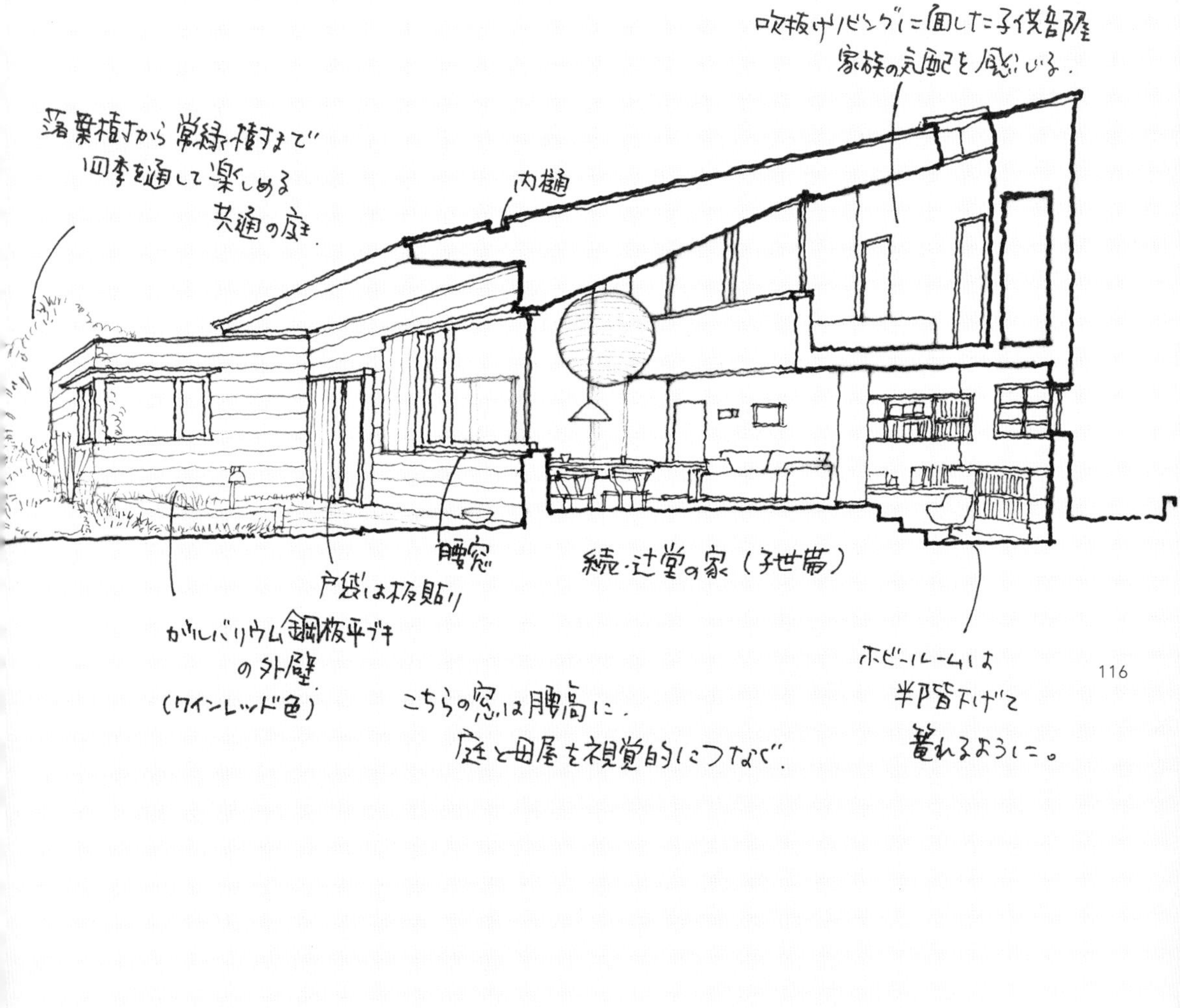
吹抜けリビングに面した子供部屋
家族の気配を感じる。
落葉樹から常緑樹まで
四季を通して楽しめる
共通の庭。
内樋
腰窓
続・辻堂の家（子世帯）
戸袋は板貼り
ガルバリウム鋼板平ブキ
の外壁
（ワインレッド色）
こちらの窓は腰高に。
庭と母屋を視覚的につなぐ。
ホビールームは
半階下げて
籠れるように。
断面図

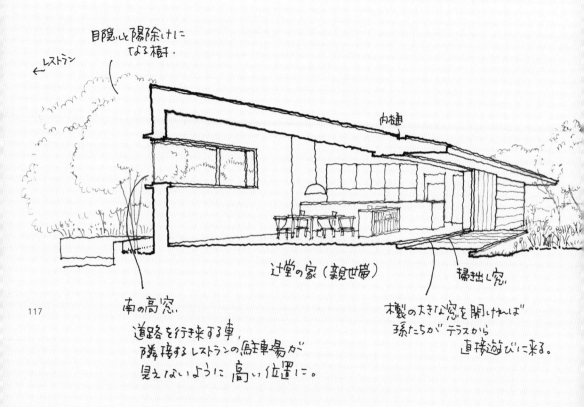

南の高窓

道路を行き来する車、
隣接するレストランの駐車場が
見えないように高い位置に。

木製の大きな窓を開ければ
孫たちがテラスから
直接遊びに来る。

二棟の屋根勾配は
それぞれ庭側を低くした片流れに。
内側に低くなるので
互いの家からは空がたくさん見える。

永く住むということ

「続・辻堂の家」は、前項の「辻堂の家」の隣に施主が生まれ育った家を解体し建て直した、新たな子世帯の住まいである。すでに親世帯の家が完成していたこともあり、設計を依頼された時点で基本的な方針が決まっていた。ライフスタイルの異なる二世帯が同じ敷地内で暮らすため、適度な距離感を保つものとして庭を挟みつつ、互いの建物が周囲からの目隠しになるようコの字型に建物を配置する。こうすることで結果的にコートハウスのような構成になり、中庭は近隣からプライバシーが保たれた場所になるよう計画した。同時に先に建てた親世帯の意匠を継承し、敷地外周はできるだけ軒を押さえた低い建物で圧迫感を抑え街並みに馴染むよう心がけた。

中庭を挟んで向かい合わせになるリビングダイニングの窓は互いからの見え方を考慮し、親世帯は間口の広い掃き出し窓で孫の出入りが自由にできるような形状としたが、子世帯は腰高窓で足下が親世帯からは見えないような形状とした。この高さはダイニングからは互いの姿が見え、ソファに座ると見えなくなる高さになっている。中庭や親世帯との行き来にはダイニング東側の家族用玄関を利用する。2軒で共有する中庭は、お互いの家の暮らしは感じとれるが干渉することなく独立してそれぞれの生活のリズムで暮らすことができるよう十分な面積を確保し、ある程度の目隠しにもなるよう植物を繁らせた。

リビングダイニングは親世帯とは対照的に天井高さを十分に取った吹き抜けの空間で、キッチンと三つの子供部屋、それに家族共有のスタディールームとファミリークローゼットと和室が接している。それぞれの子供部屋は建具で仕切られ、開け放つとリビングダイニングと一体の空間となる。大きな家でありながら子供部屋が孤立しないつくりとした。主寝室は中庭への視線を遮るために道路側に配置した。

親世帯の初期計画から現在までかなりの時間が過ぎた。家族構成の変化に家がどう対応していくかを考えるのは難しい。「辻堂の家」では子供が独立した後、大きすぎた家から一回り小さい家に住み替えた。建て替えた「続・辻堂の家」も今後どのような変化を経ていくのだろうか。まず手始めにひとつながりだった兄弟の部屋を二つに分けるという。吹き抜けとの繋がりも徐々に減らす方向で改築するかもしれない。設計当初は飼うと思っていなかったペットも増えたから将来的には他の改築も考えられる。

来し方行く末を考え、いろいろな変化に対応できるよう準備することは大切だと思う。しかし、まだ見ぬ未来に囚われすぎて現状を楽しめない家では本末転倒だ。寿命の長い建築だからこそ変化に柔軟に対応し、永く住み続けられるよう住み手に寄り添った建物であると嬉しい。

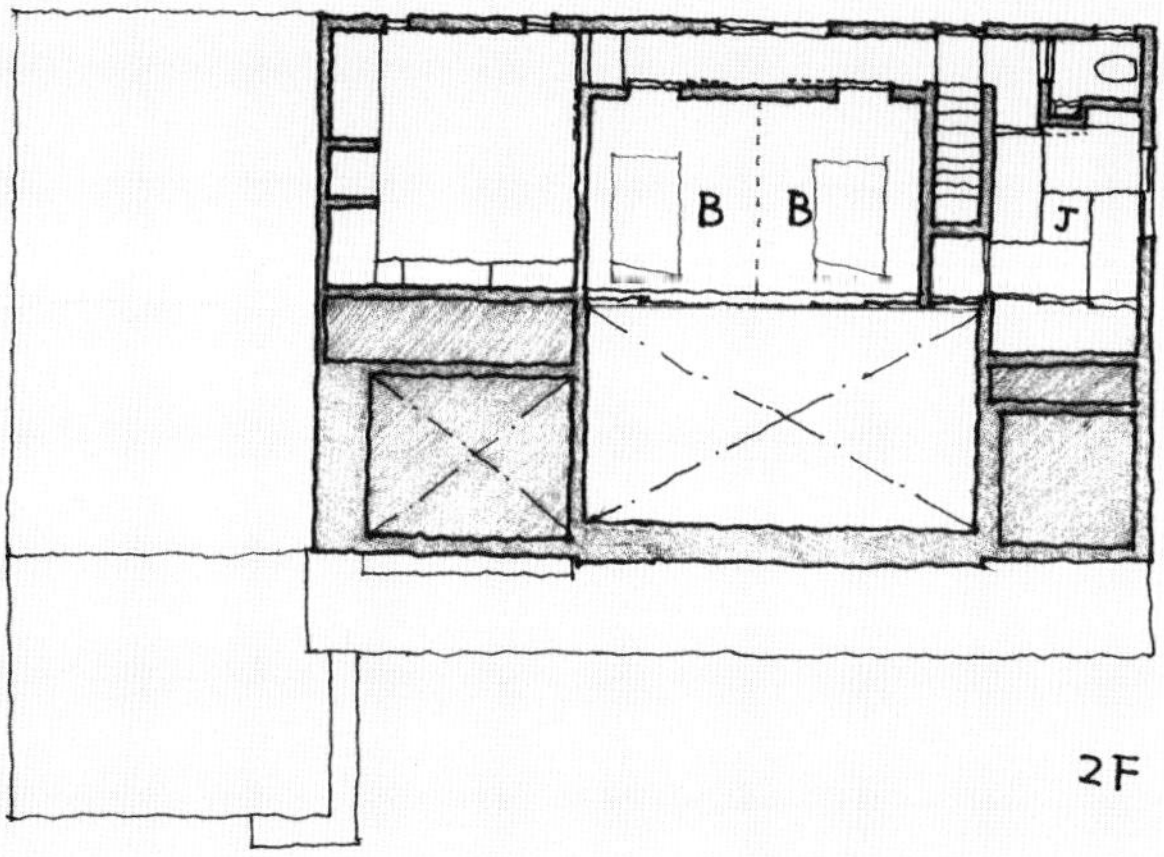

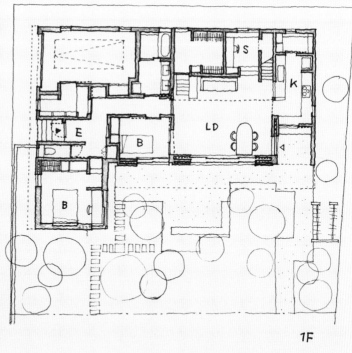

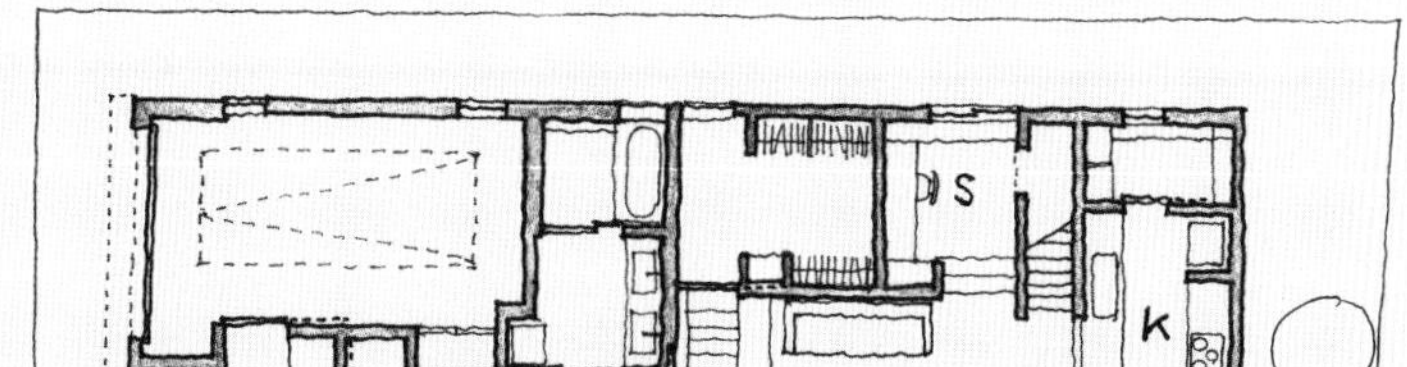

Tsujido house 2 DATA

神奈川県藤沢市

主要用途　専用住宅

敷地面積　395.2㎡

延床面積　210.74㎡

1F：155.37㎡　2F：55.37㎡

竣工　2016年

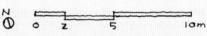

旅先の食

その土地土地での人々の日常の暮らしに興味がある。

これは僕たちが設計を生業としている大きな理由なのだが、旅先ではそれが顕著にでる。建物が気になるのは言うまでもないことだが、海外に行くと、その国にとっては自然と風景に馴染んでいるところに実はお国柄が出るので面白い。例えば建設中の足場や仮囲い、エアコン室外機の設置場所、公共物のデザイン、スーパーでの日用品など、それらを見ることも旅行の楽しみの一つになっている。

人々の暮らしに興味が……、と言えば聞こえはいいけれど、実のところ家族もスタッフも皆食べることが好きなので、自然と興味は食が中心になってしまう。旅先でもそれは変わることなく、どちらかというと食事の合間に旅を楽しんでいる感じである。

そんなわけで、旅先ではまず市場を目指す。市場に入って最初に確かめるのは魚。どんな種類と色形のものの値段がどのくらいするのかとか、「これどうやって食べるの？　生？」ということで調理方法や付け合せの野菜が気になり、自然と地元の朝市や屋台、レストランに出向くことになる。想像もしない味に出会ったり、間違った食べ方をした時は、その事自体が面白くて話が盛り上がる。

旅を終えた後、食事と共に思い出されるのは料理が盛られていた皿などの食器類。陶器やガラスなどの場合は、地元の原材料や伝統工法でつくられたものも多々あるので、気に入ったものは必ず買って帰る。後々、家や事務所でその地方や国の料理をつくる時には雰囲気が出るので重宝する。

旅先の食といえば、息子は家族旅行をした際に、どんなに美味しい郷土料理を食べた後でも宿に戻ると必ずご当地カップラーメンを食べたがる。「せっかく奮発して名物を食べたのにっ!」と形だけ怒るのだが、最終的にはいつも家族三人で旅先でしか味わえないカップラーメンをすることになる。残念だがこれもまた美味しい。

猫と楽しむ
もうひとつのリビング

庭と空に向かって開くRC造の都市型コートハウス。
雨の日に屋根のあるテラスで本を読んだり、ロフトに籠もって非日常感を味わったり……
限られたスペースでも素材や空間の使い方次第で
こんなにも贅沢な時間が過ごせる、と気づかせてくれる。

吉祥寺南町の家

Kichijojiminami-cho house

中庭の正面の木はアオハダ。「ちっちゃい白い花が咲くんですよ。シジュウカラも来るし、メジロもやって来ます」。

昔ながらの落ち着いた武蔵野の雰囲気と、サブカルチャーの発信地としての元気のよさがほどよく入り交じる吉祥寺。この地域で育ったSさん夫妻は、家を建てるにあたり、迷うことなく地元で土地を探すことにした。

それまでは、実家の敷地内に建っていたハウスメーカーの家をリフォームして住んでいたのだが、もともと建築好きだったご主人は「いつかは自分たちの家をちゃんと建てたい！」という思いを密かに抱き続けていたという。

理想の家を建てるなら

「リフォームは済んだのに、主人が建築の書籍や雑誌を山のように買い込んでくるんですよ。何やってるんだろう？　って、何げなくページをめくってみたら吉村順三さんのことが書いてあって。それを読んだら、すごい人なんだな、って私も思えたんです」と奥さま。

吉村順三の建築について二人でよく話したのは、50年も60年も経っているのに、今見ても古さをまったく感じない、ということだった。「いや、むしろ新しい！　雑誌やサイトで見ると、このまんま建てたい、って思えるんです」そう言って、ご主人は目を輝かせる。もし建てるとしたら誰に設計してもらおうか、どんな家にしようか、妄想は頭の中でどんどんふくらみ、いつしか現実のものとなっていった。

理想がはっきりしているので、自ずと建築家も絞られてくる。何人かに会って話を聞いて、住宅を見学して、最終的に決断を下したのは奥さまだった。「考え方とか、建築の質は皆さん一流なんです。ただ、八島さんたちは住む側の立場で考えてくださる。やっぱりそこかな、と」。もう一つの決め手は、八島さんたちがコンクリート造の家を数多く手がけていること。

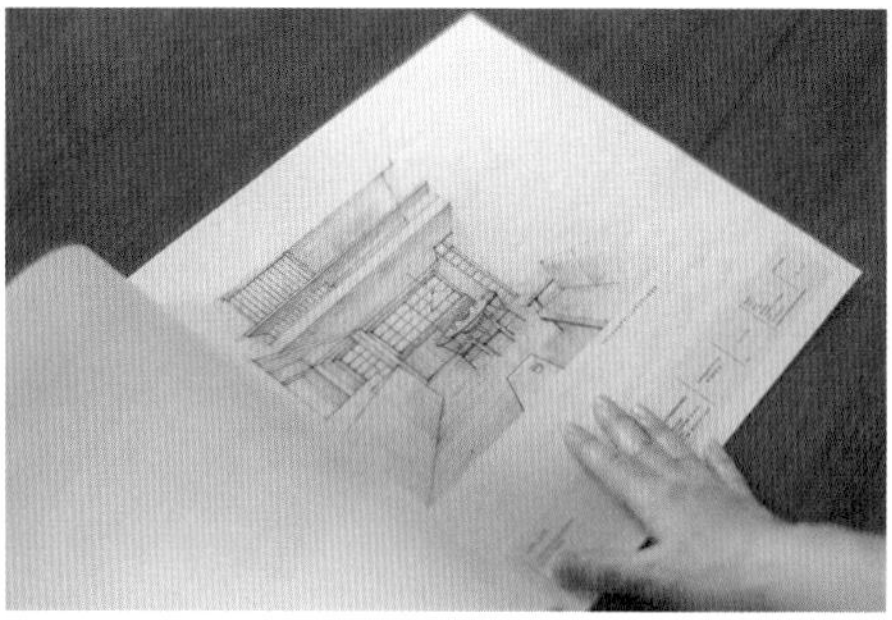

右／図面と一緒に夕子さんが描いてくれたスケッチ。ほとんどそのまま実現されている。左／玄関ドアの真鍮金物は堀商店のもの。

リビングの大窓が
中庭の緑を導き入れる

上／西向きに開くリビングはとても明るく、南向きの窓の障子はほとんど開けることがないという。階段を挟んで右側がキッチン。下／窓辺の収納は本棚とCD。経木簀戸と障子が収まる出窓は、キッチン脇のデスクコーナーと連続している。

中庭を囲む壁は室内の壁面から連続して見えるように白く塗った。１階の洗面室前から出ると物干し。そこから手前の外階段を上がるとテラス、２階リビングへと回遊できる。

数年前、当時住んでいた家の隣で火災が起こり、とても怖い思いをしたことから、建てるならコンクリートでと決めていたのだそうだ。

コートハウスという選択

見つかった土地は、東側が通りに面した東西に奥行きのある形状。隣家が迫る南側を大きく開くことはできないけれど、西側にこれだけゆとりがあれば採光も通風も問題ない。「開放的に1階からワーッと外に出られる環境ではないので、コートハウスにして2階リビングにすることにしました。そうすれば、中庭に植えた高木の枝の広がりがいちばんきれいな高さで眺めることができますしね」と、八島さん。

意識したのは、密集地で木々が育っていくにはどの程度の庭の広さが必要か、庭に対して建物をどう配置するか、だった。「中庭をつくる場合は、一つの庭をいろんな方向から見せるというのが基本なので、1階の寝室から見て、お風呂から見て、2階リビングから見て、そして、中庭の階段やテラスからも植栽越しに自分の家を眺めることができたらいいだろうなと、庭を中心に考えていきました」。

猫も人も快適な住まい

Sさん夫妻からは、事前に「八島さんの家のこんなところが好き」をイメージでまとめた要望書が渡されていた。木製建具の出窓、ラワン張りの天井、障子と簀戸の嵌まった空間……。プラスしたのは、二匹の猫と生活する上で人間も快適に過ごせるようケアが必要だということ、将来、両親のどちらかと同居する可能性があるということ。

それに従って、1階の玄関脇には独立性の高いゲストルームが用意された。猫の脱走防止策

右／中庭の緑を見ながら入れるお風呂。左／クローゼットは廊下にあるので、ベッドルームはベッドのみ。

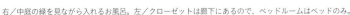

キャンチレバーのはしご段を上がると畳敷きのロフト。なぐり仕上げの床と一枚板のカウンターテーブルが旅館の一室のような趣を添えている。

二人並んで、ちょうどいい
会話も弾む
愛すべきキッチン

上／キッチンはカウンターと引き戸で囲んでセミクローズドに。ブラックチェリーがふんだんに使われてシックな雰囲気。下／キッチン脇には奥さまの料理本や趣味の本が置かれたデスクコーナー。

でもある玄関ホールの引き戸を閉めると、水回りと寝室に続く廊下がそのままウォークイン・クローゼットになるので、面積的にも動線にも無駄がない。階段の途中には、『トムとジェリー』に出てくるような小さなトンネルがあって、猫たちはそこから寝室の壁面に設けられたキャットウォークにいつでも通り抜けることができる。「2階の猫用トイレもそうですけど、こんな風になるんだ！　って感動しました」と夫妻。必要な用途に（勝手に）ゆとりと遊びをプラスするのが八島流なのだ。

2階に上がると、メインのフロアには、Sさん夫妻が要望書に書いたすべてがそろっている。中庭に向かって大きく開きつつもしっとり穏やかなLDKにいて、特に感じるのは使われている材の質の高さ。ロフトに造り付けられた間口いっぱいの一枚板の机をはじめ、キッチンの面材も、出窓下の収納扉も、すべては「年月を経て『いい感じに味が出てきた』と思えるように」という、ご主人の心意気である。

テラスがあってこそ、視線が抜ける

しかし、この家の目玉はなんといっても中庭に張り出す2階のテラスだろう。あえてリビングと切り離された半屋外空間は広さにすれば6畳ほど。そこに大人三〜四人が寝そべることができそうなコンクリートのベンチが屋根と壁と一体になってドーンと設えられている。

「これ、つくりたかったんです」と満面の笑みを浮かべる八島さん。「Sさん夫妻と僕たち夫婦の感覚がけっこう似ていたので、僕たちだったらここにクッションいっぱい置いて、夕暮れ時、自分の家を眺めながらお酒飲んでいたいよね、って（笑）」。

基本的に、自分たちが施主だったらどんな風に住んでいきたいか、という基準で物事を決め

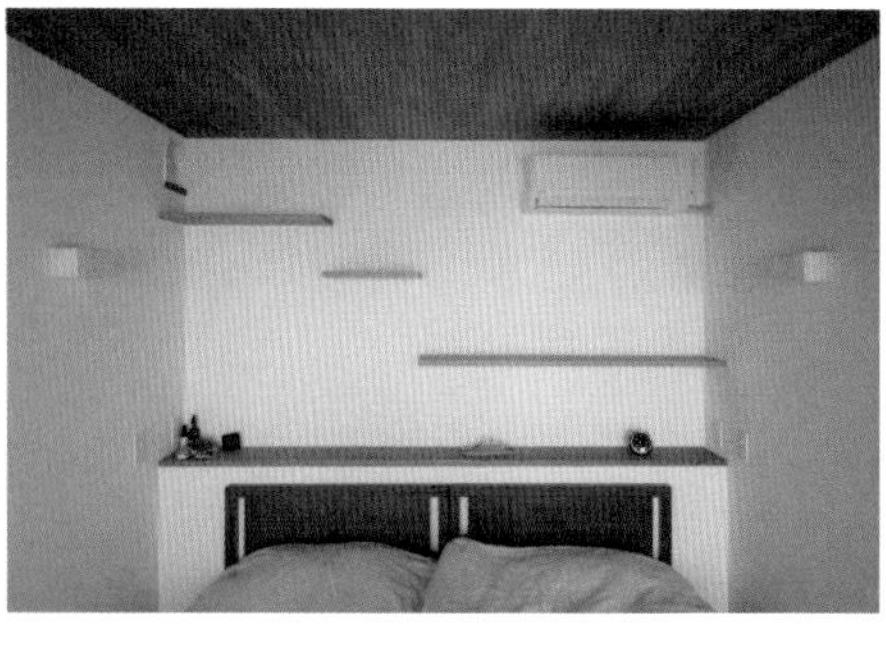

右、中央／人間のトイレの中に猫のトイレも置けるようにした。専用出入り口と換気扇も完備。左／ベッドルームの壁面には階段に抜けられるキャットウォーク。

上／小柄なジジちゃん。階段の腰壁は猫が上がらないようにテーパーをつけた。下右／ベッドルームに通じる出入り口から顔を出しているのはルーク君。下左／ベッドルームから見上げた出入り口。アーチ型が可愛い。

上／コンクリート製のベンチが造り付けられた、庇のある半屋外のテラス。ラグやクッションを置いて第２のリビングとして使える。
下右・左／中庭の階段やベンチは家の中から見て楽しむオブジェ的な存在でもある。

ていくことが多い、と八島さんは言う。それは、空間の広さや、どこにどのくらい予算をかけるかについても同じことだ。土地代の高い都心の住宅で「（床面積に算入されてしまう）屋根付きのテラスをつくるなら実用的な部屋にして欲しい」と言われるのは重々承知の上で、絶対こっちの方がいい、と確信したらダメ元で提案する。今回、Sさん夫妻はそれを理解してくれたということだ。

「でもね、実は私、ちょっと抵抗があったんです（笑）」と正直な奥さま。「中庭ってこんなに広くなくちゃいけないんですか？　このテラスがなければもう少しリビングが広くなるんじゃないですか？　って」。マンションだって最近はLDK20畳ってところも多いのに、うちは16畳しかなくて大丈夫なのかしら……誰だってそう思う。「そしたら、八島さんが『お二人なら十分な広さですよ』って仰って。庭はこのくらいなくちゃ木が育たないし、テラスがあってこそ視線が抜けるんだから、って。それは住んでみて初めて納得できましたね」。

ロフト下に包まれたダイニングがあって、吹き抜けのリビングがあって、そこからアオハダの枝越しにテラスが見える。「要はバランスですよね。リビングがこれ以上広かったら落ち着かなかったかもしれない」ご主人もうなずく。「キッチンをテラスのところに持って行ったらどうか、とか、いろいろ考えましたけど、やっぱりこれが正解。実際にテラスを毎日使うわけじゃないけれど、ああいう場所が見えているだけでもいいのかな、って。毎晩、テラスに電気を点けて眺めているんですよ」。

内外がテラスでつながる

夜になるとリビングの白い壁がそのまま外に伸びて、庭までが内部の延長のように感じられ

右／リビングから眺めるテラス。外にもう一つ居場所がある、という特別感がいい。左／大谷石のさらりとした感触は猫もお気に入り。

夕暮れ時、テラスからリビングダイニングを見て。「灯りの点る自分の家を外から見る、っていいですよね」と八島さん。

右／料理好きの奥さまの今日のメニューは、真鯛のカルパッチョ韓国風、夏野菜のラタトゥイユ、豚ロースの黒ビール煮、紫キャベツのマリネ。「毎晩二人でワインかシャンパン1本は開けちゃう（笑）」左／斜線いっぱいの外観だが、出窓と庇、玄関前のベンチで表情豊かに。1階のコンクリート外壁は型枠に杉板を使った木目仕上げ。

る。面積も容積もギリギリいっぱいのカチッとしたコンクリート造だが、中に入るとこれだけオープンで広がりがあるなんて外観からはちょっと想像がつかないかもしれない。

「中庭から見上げると寝室からロフトまで3層が一遍に見えるのがいいんですよ。見てるとうれしくて、あぁ、自分の家だ、って思う。自分の家じゃないけれど（笑）」と八島さん。住み手とつくり手双方で理想の家づくりをとことん楽しんだ、その満足感と余韻に浸る引っ越し後初めての夏である。

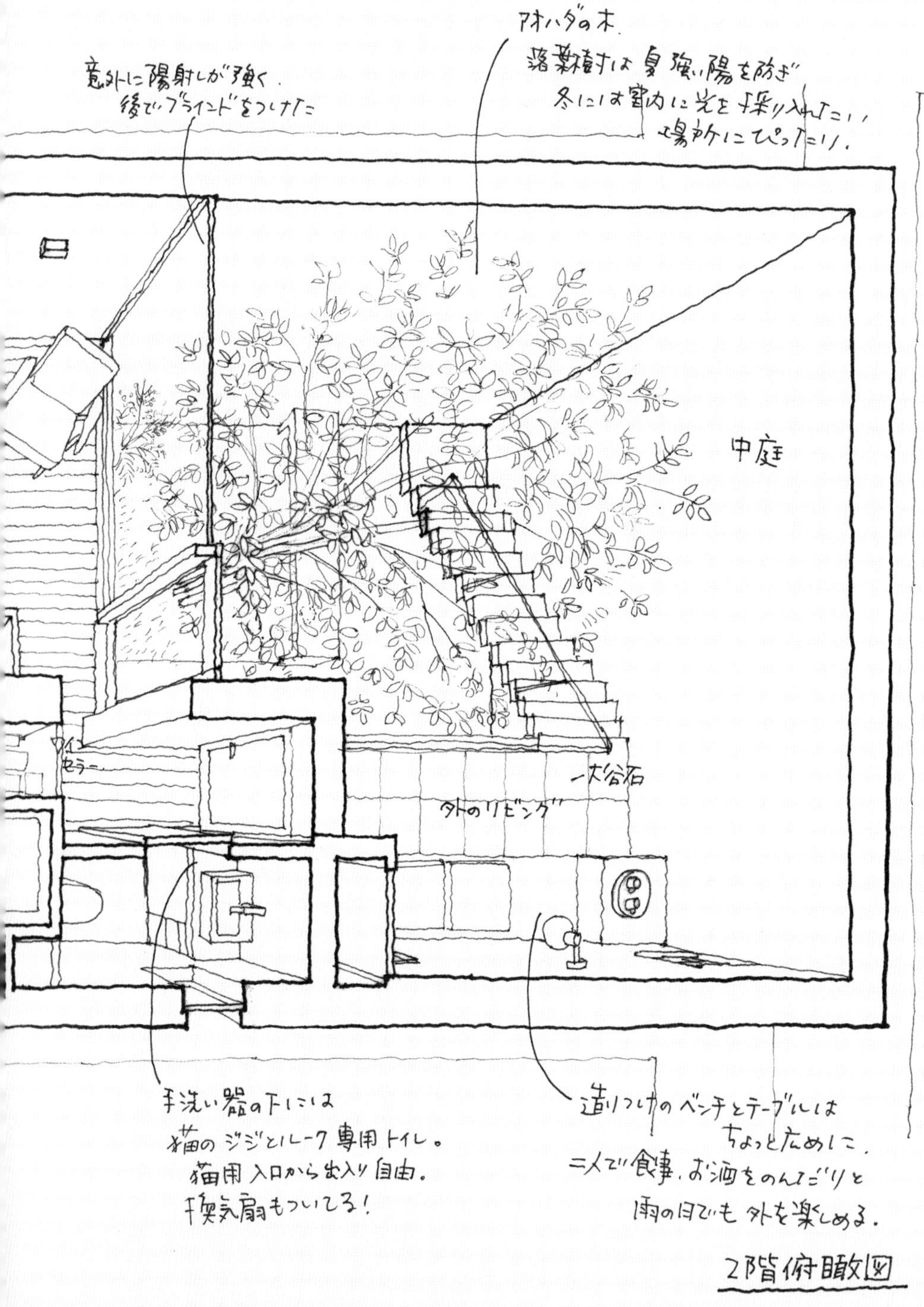
意外に陽射しが強く。
後でブラインドをつけた
アオハダの木。
落葉樹は夏強い陽を防ぎ
冬には室内に光を採り入れたい、
場所にぴったり。
中庭
ワイン
セラー
大谷石
外のリビング
手洗い器の下には
猫のジジとルーク専用トイレ。
猫用入口から出入り自由。
換気扇もついてる！
造りつけのベンチとテーブルは
ちょっと広めに。
二人で食事、お酒をのんだりと
雨の日でも外を楽しめる。

2階俯瞰図

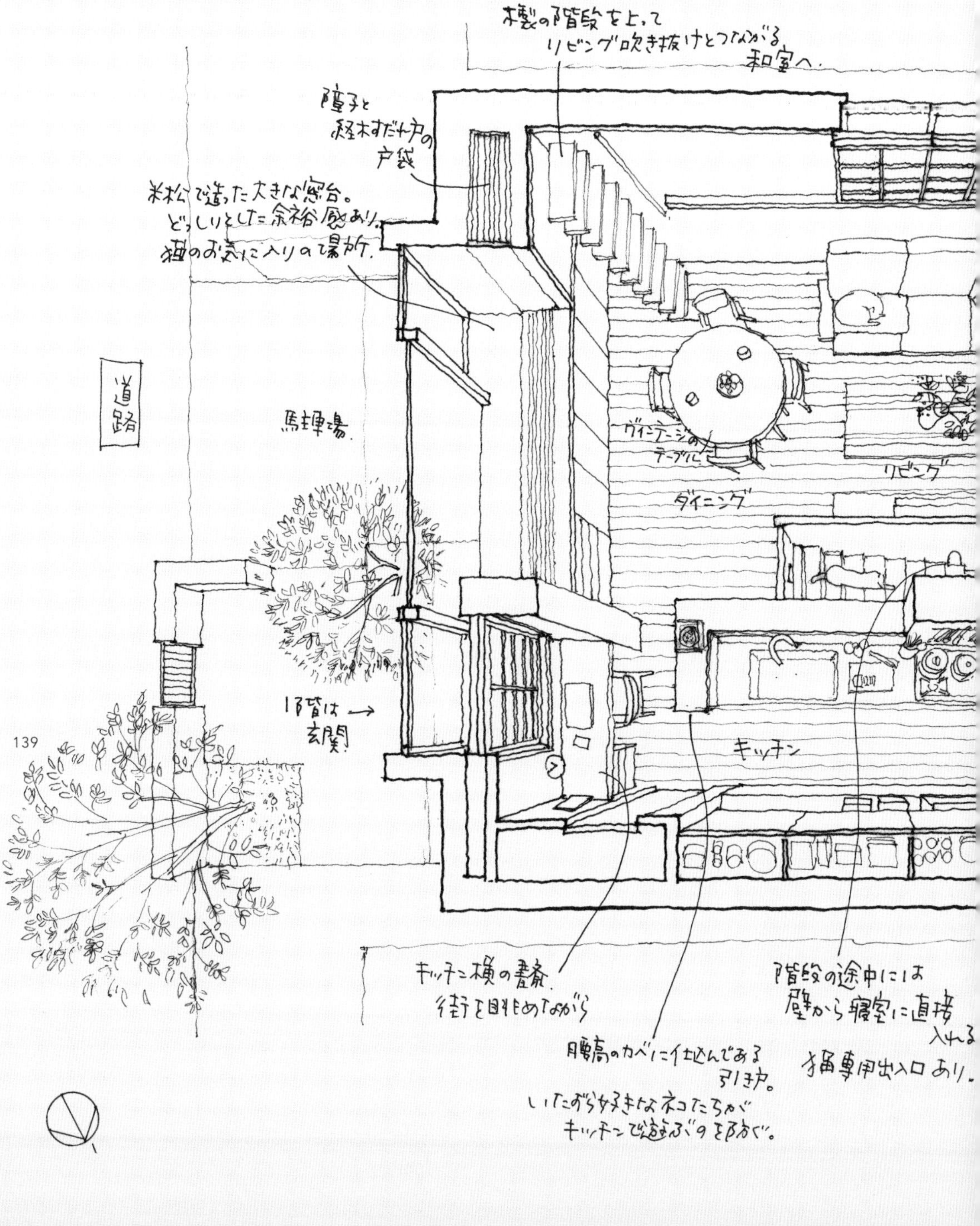
木製の階段を上って
リビング吹き抜けとつながる
和室へ。
障子と
経木すだれ戸の
戸袋
米松で造った大きな窓台。
どっしりとした余裕感あり。
猫のお気に入りの場所。
道路
駐車場
ヴィンテージのテーブル
ダイニング
リビング
1階は→
玄関
キッチン
キッチン横の書斎。
街を眺めながら
腰高のカベに仕込んである
引き戸。
いたずら好きなネコたちが
キッチンで遊ぶのを防ぐ。
階段の途中には
壁から寝室に直接
入れる
猫専用出入口あり。

もうひとつのリビング

［吉祥寺南町の家］は、隣家が近い都市部の住宅地に「夫婦と二匹の猫が暮らすプライバシーの保たれた家」を設計してほしいという依頼だった。防火や耐震性に優れたコンクリート造のコートハウス（中庭形式の家）を希望されていたが、コートハウスは中庭に十分な面積を割かずに壁を高く立ち上げてしまうと光や風が届かず植物がうまく育たなくなり、逆に壁を低くしすぎてしまうとせっかく中庭をつくっても隣の家の窓と向かい合わせになり寛ぐことができない。そのような特性を考慮しながら、都市部ならではの厳しい建築法規制限の中で、庭を囲む建物の2階の一部分を半屋外のテラスとして、中庭と上部空間でつなげて広げることで、開放的な中庭になるよう計画した。

敷地は東西に延びる長方形をしており、東側接道のため東側に駐車場を確保すると、中央に建物、西側へ中庭を配置するかたちとなった。1階は中庭に面した寝室と北西側に張り出すかたちで洗面浴室、東側玄関近くにゲストルームを設けた。2階は吹き抜けのあるリビングを中心としたワンルームのLDKの構成となっている。東側の窓から望む街並みと西側の窓からのプライベートな中庭に挟まれた天井の高い開放的なリビング空間に対して、ダイニングは天井高さを抑え落ち着いた空間にした。ダイニングの上部には畳敷きの小屋裏があり、急なはしご階段を上らないと上がれないが、二匹の猫のお気に入りの場所となっている。

リビングから北西側に配置した半屋外のテラスは、屋外空間でありながら屋根を設けベンチとテーブルをコンクリートで造り付け、屋外のリビングスペースになるよう設えている。ベンチやテーブルは購入した家具を置く方が融通はきくのだが、天候を気にしながらの出し入れや手入れは大変なので、造り付けておいたほうが気軽に使うことができると考えた。

テラスをあえてリビングから直接つながらない形にしたのは、コートハウスという閉じた家の中で気分を変えるための工夫でもある。高い塀によって外から見られないという利点を活かし、リビングダイニングは中庭に向けて床までの大きな窓とした。その窓先、庭に張り出した位置にテラスをつくると中庭越しにもうひとつ別のスペースが見えるという景色が生まれる。そしてテラスに出てみると今度は逆に、窓越しの室内を見ることができる。実はこれがけっこう楽しい。周りから見られない場所であれば夫婦で気楽に使えるし、大きな屋根があるから雨の日も出られ、夏も冬もそれぞれの季節で使い方が色々と想像できる。コートハウスは閉鎖的になりがちだが、いろいろな角度から庭を眺められるのも庭いじりのきっかけとなる。愛猫の庭のパトロールを部屋から眺められるのも嬉しい。

「こういう家が欲しい」というイメージから実際にどう使うか想像を広げて、要望より一歩踏み込んだ使い方も提案できればと考えた。

Kichijojiminami-cho house DATA

東京都武蔵野市

主要用途	専用住宅
敷地面積	132.30㎡
延床面積	104.22㎡
	1F：52.11㎡
	2F：52.11㎡
竣工	2018年
プロデュース	ザ・ハウス

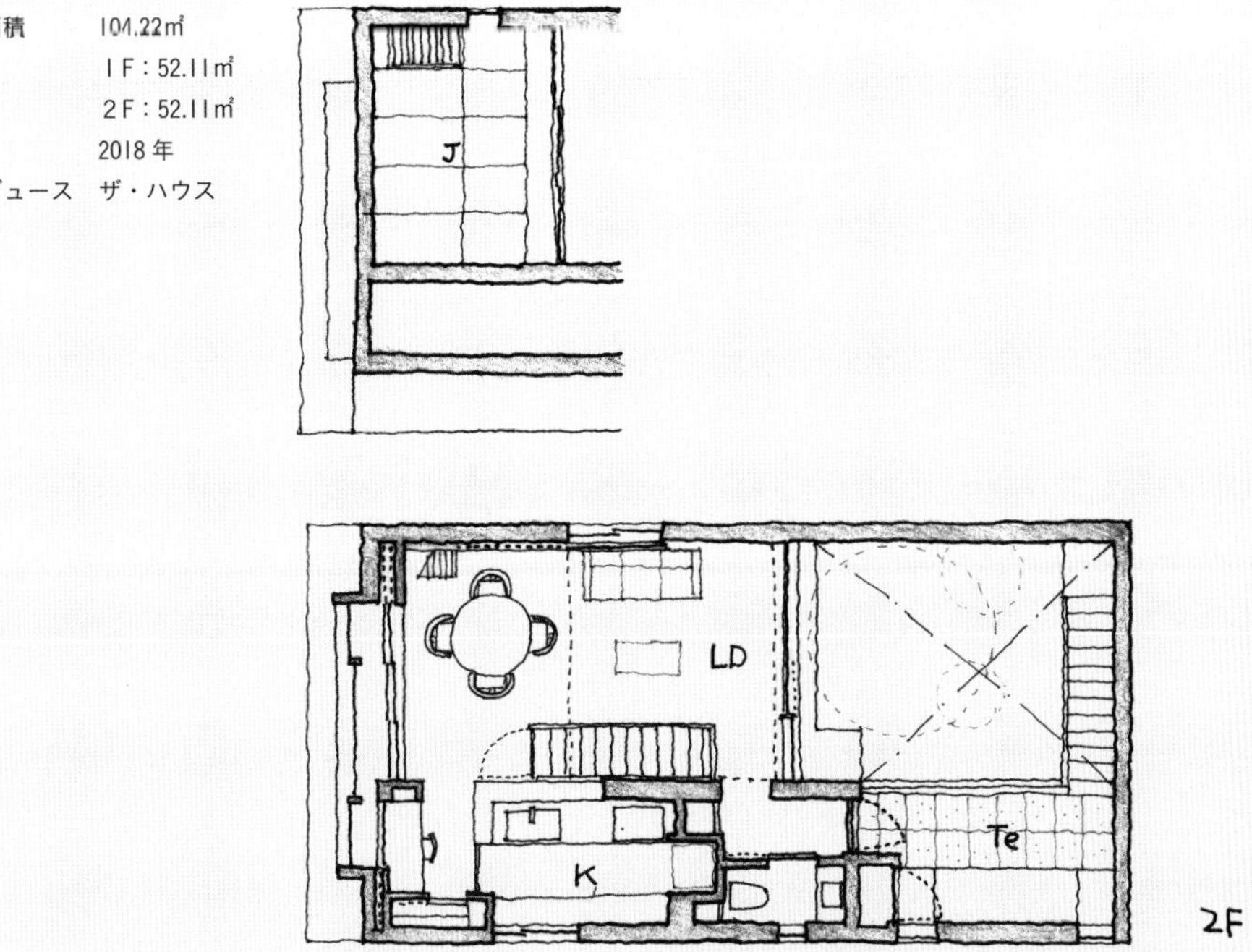

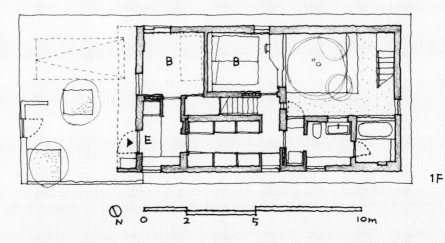

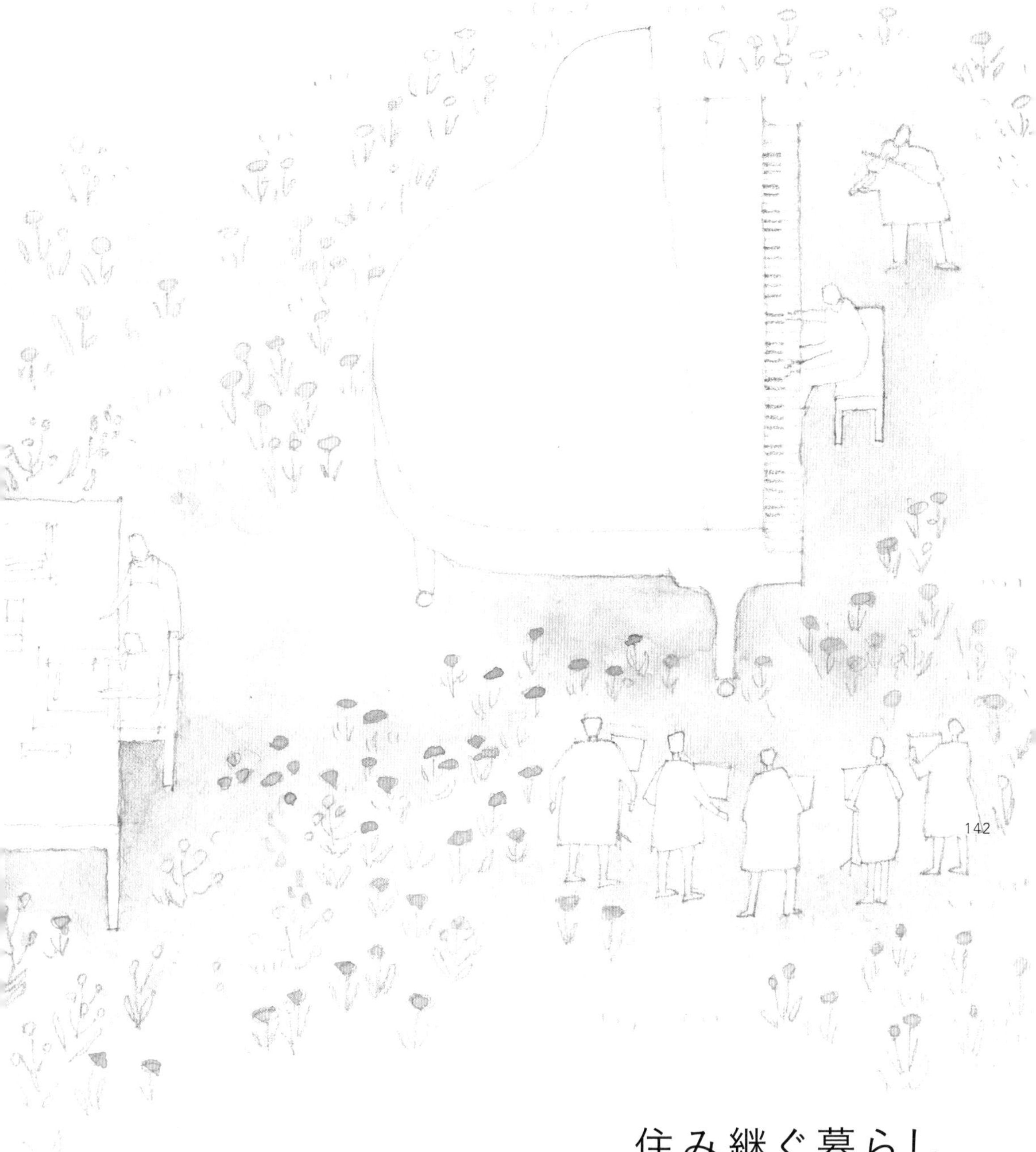

住み継ぐ暮らし

人生の転換期、コンクリートに囲まれた都心から緑豊かな郊外へ拠点を移すことにした。
三世代同居のおおらかな暮らしをイメージして、
あえて選んだのは中古住宅のリノベーションという道。
シンプルな骨格と趣のある佇まいを生かした、懐かしくも新しい和の木造の姿。

梶原の家

Kajiwara house

Hella

決め手になったのは
“佇まいのよさ”
シンプルな三角屋根の家

北側ファサード。倉庫や植木や門などすべて取り払い、エントランスの地面には有孔ブロックを埋め込んだ。家の向こうには鎌倉の山を見渡す絶景が広がっている。

北鎌倉の駅前に滑り込んできた1台のレトロなグレイのミニクーパー。すらりとした男性が髪をかき上げながら降りてきて、絵になるなぁ、と思いつつ眺めていたら、それこそ住み手の福井さんだった。

細い山道を上がって高台のカーブを曲がると、眼下に緑豊かな景色が広がる。１９６４年の東京オリンピック直後に造成されたという住宅地では今、世代交代の時期を迎え、相続で売りに出されている中古物件がたくさんあるという。福井さんが購入したのもそんな家の一つだ。

リノベーションという選択

「決めたのは佇まいのよさでした。坂の上から見下ろした家のプロポーションと背後の環境のマッチングもよく、シンプルなファサードに対して三角の屋根が載っていて、脇に駐車場がある、ただそれだけ。倉庫とか門とか取り払ってしまえばイメージに近いなと思いました」

建物を見る目が専門的なのは、福井さん自身も建築士だから。現在の本業はまったく別のジャンルだが、実は、八島さんが東京藝術大学で助手をしていた頃に学生だったという間柄。6年前に友人と協働設計で都心にRC造3階建ての住宅を建て、シティライフを楽しんでいたのだが、二人目の子供が生まれることになり、生活環境を変えることにしたのだという。「父が亡くなって、いつかは母と一緒に暮らそうとタイミングを計っていたので、いいきっかけだな、と思って」。お母さまが西鎌倉に暮らしていたこともあり、候補地は自然とこの界隈に絞られた。

新築も考えたが、昨今は工事費の変動も激しいし、かといってマンションで二世帯同居は窮屈だ。それに、お母さまが以前から自宅で主催してきた、楽器演奏や植物画、書道、古典文学などの教室をそのまま続けられるスペースも確保したかった。

右／来客用の駐車スペースがとれるのも決め手の一つだった。左／「家の灯火が外から見えるように」まちに開く大きな窓をつくった。

小さかった玄関は、上がり框の向きを変えて奥行きを広げ、手前にシュークローゼットを設けた。壁の絵はお母さまの高校時代の先輩の作品。

玄関脇はお母さまのカルチャーサロン。ラワン板張りの天井からドライフラワーが下がるナチュラルな空間に、艶消しのグランドピアノが違和感なく収まっている。

「母のピアノもありましたしね。教室の講師は母の高校時代からのお友だち。子供たちにとっても、そうした年の離れた世代と接する機会があるのはいいことでしょう」と福井さん。いろいろ考えると、今度の家はモダンなRC造の家ではなく木造で「ふつうの心地よい家」にしたい。そんなわけで、リノベーションも視野に入れて物件を見て回るうちに巡り会ったのがこの家である。

「どこまでやるか」の見極めが肝心

敷地90坪弱、築47年の木造家屋。中に入ってみると、南向きに各室が並ぶ横長のフォルムで、座敷の縁側の前にはモミジやサルスベリに庭石があしらわれた和風の庭があり、一角に囲炉裏のある小さな和室が張り出していた。北側は増築された倉庫で塞がれてキッチンもダイニングも真っ暗だったが、それは倉庫を取り払ってしまえば解決できる。と、話がここまで来ると、ご自分で設計してもよかったのでは？　と思うところだが、福井さんは「いやいや、もう長いことCADも触っていませんし」と首を振る。

八島さんに設計を依頼することにしたのは、お母さまの家の近所を散歩していて「すっごい格好いい家」を発見したのがきっかけだった。「古い日本らしさのある凛とした佇まいとモダンさが同居しているような。最初は知らなかったんですけど、後になってその家が八島さんのホームページに載っているのがわかったんです。これはもうお願いするなら八島さんだろうな、と。それで、僭越ながら……って、ご連絡差し上げました」。

現地を見た八島さんは、骨格がきれいな家だと思ったそうだ。壁と床を抜いてスケルトンにしてみたら基礎もしっかりしていることがわかった。

「改修ってけっこう費用がかかるんですよ」と八島さん。「全体的に手を入れるとなると新

右／ゆったりと落ち着くソファコーナー。左／ダイニング脇のライブラリーは、今はフレキシブルに使っているが将来的に子供たちの勉強スペースになる予定。

ピアノ室の庭側につくられたカウンターコーナーは、天井が下がっているので個室のような落ち着きを感じる。

築の6、7割の工費がかかりますから。だからどこまで手を出すか、どこまで予算をかけられるかを見極めるのが大事」。今回、基礎はそのまま使い、その分、上物の構造補強を十分に行うことにした。屋根は雨漏りを直した上でカバー工法に。断熱をしっかり施し、サッシも気密性の高いものにそっくり入れ替えた。柱梁は仕口を補強しただけで、ほぼそのまま。「昔の家は間取りが小割りなので、なるべく繋げてワンルームにしていって、教室と家族のスペースを仕切れるように。それを既存の外枠の中で解いていきました」。

場所の空気感を切り替える

玄関はまちに対して開けるように大きな開口部を設けた。入ってすぐのところが教室に使われるピアノ室。その隣がスライド式の吊り戸で仕切

あえて天井を下げて
心地よい溜まりをつくる

1階は東西に細長く連続する。リビングはどっしり重厚に、ダイニングは白く明るく開放的に。

れるリビングで、さらにその隣にキッチン&ダイニングが続くという構成。玄関から一直線に抜ける廊下を進むと、通路がいつの間にかキッチンになっているというのも面白いところだ。「廊下の突き当たりに明かり取りの窓を」と希望されたのは建築好きのお母さま。「八島さんが本でそう書かれていたので、ぜひ実現したくて」。その窓の光が玄関ホールに届くよう、キッチン手前の仕切りはガラス戸にした。

福井さんは、キッチンとリビングの関係に特に気を配ったという。「前の家はオープンキッチンだったのですが、この家は二世帯で、妻にとっては義理の母ですから、完全なオープンだったら相手がキッチンに立っている時にリビングでくつろぐには僕だって気を遣う。なので、ある程度クローズで、回遊性もあるの

サルスベリは前の家の記憶を引き継ぐシンボルツリー。南側に張り出しているところには、囲炉裏のある和室があった。

がいいな、と」

開放的でありながら、それぞれの場所がなんとなく独立している——そうした空気感の切り替えに、八島さんは床の段差を利用することが多いが、この家の場合はもともとの梁を隠す意味もあって、天井高の変化が効果的に使われた。ピアノ室とリビングの天井はやや低めのラワン板張り。窓際のデスクコーナーはさらに下げて出窓のように。リビングは壁も板貼りでほの暗く落ち着く大人の空間に。転じてダイニングの天井はやや高く、壁も白く健康的な明るさに満ちている。

「幅のない長細い空間ですが、庭に向かって窓が出ていたり、ソファが廊下側に引っ込んでいたり、ダイニングに面して子供たちのライブラリーが連続していたりと、交互に溜まりをつくったことで広く感じられるんです」と八島さんは言う。

設計者と住まい手のコラボレーション

その溜まりをさらに心地よくするために、福井さんは照明器具も自身で選んだ。この家の核でもあるダイニングの巨大なペンダントと、ピアノの上に置かれたスタンドを点けると、距離のある空間の両端で大小のドーム型の灯りが呼応する。ソファコーナーに下がるジョージ・ネルソンの60年代の照明と、キャビネット上の柳宗理のスタンド、そしてスタディの脇に置かれたイサムノグチの行燈を点けると、懐かしいような和の質感が連動する。

インテリア計画のみならず、庭の植栽も、前の住人が残したレンガを敷き詰めてつくったテラスも福井さんの手によるものだ。ここまで家中を整えられると奥さまの出番がないのでは、と心配になるが、「口出しする余地がないんですよね！」とお義母さまと顔を見合わせて笑う奥さま。同居を始めて1年、夫の気遣いをよそに二人は一緒に海外旅行に出かけるほど仲がい

右／四季折々の花が咲く庭。「ほとんどが宿根草です」とガーデナー福井。左／断熱性を高めるためにサッシは気密性の高いものにそっくり入れ替えた。

上／駐車場の上に張り出す中２階がお母さまの部屋。ブルーグレイの壁の色はご自身で選ばれた。下右／デスクコーナーの窓からふんだんに入る自然光が手元を明るく保つ。下左／庭では白蝶草（ガウラ）、サルビア、バラなどが花を咲かせる。

科目ごとに講師を招いて定期的に開かれるお母さま主催の教室。和やかな笑い声に包まれる。

大きなペンダントのシェードの下に家族が集まるダイニング。細長い空間に合わせてテーブルの幅をほんの少しカットしたそうだ。

い。

人生が展開する時、タイミングよく思い切って舞台転換すると、ますますストーリーがふくらんで豊かになっていく。

「子供が大きくなったら家を建てる、って人もいるけれど、それはもったいないと思うんです」と福井さん。「ただ、お金がないからリノベーションで、じゃなくて、家族の成長を見守る器として、手を掛けて古い佇まいを楽しむという意識が必要ですね」。

何につけイメージがはっきりしているから、どこにもブレがないんだろうな、と感心することしきりの一日。そういえば、北鎌倉の駅前の登場シーンからして福井さんの世界だった、と後から思った。

上／構造的に抜くことができなかったというキッチンカウンターの柱がちょうどいい結界となっている。下右／ピアノ室の出窓前には西洋の住宅をイメージして白藤を植えた。下左／２階子供部屋の窓からは、斜面下の家の屋根越しに銭洗い弁天のある源氏山が見える。

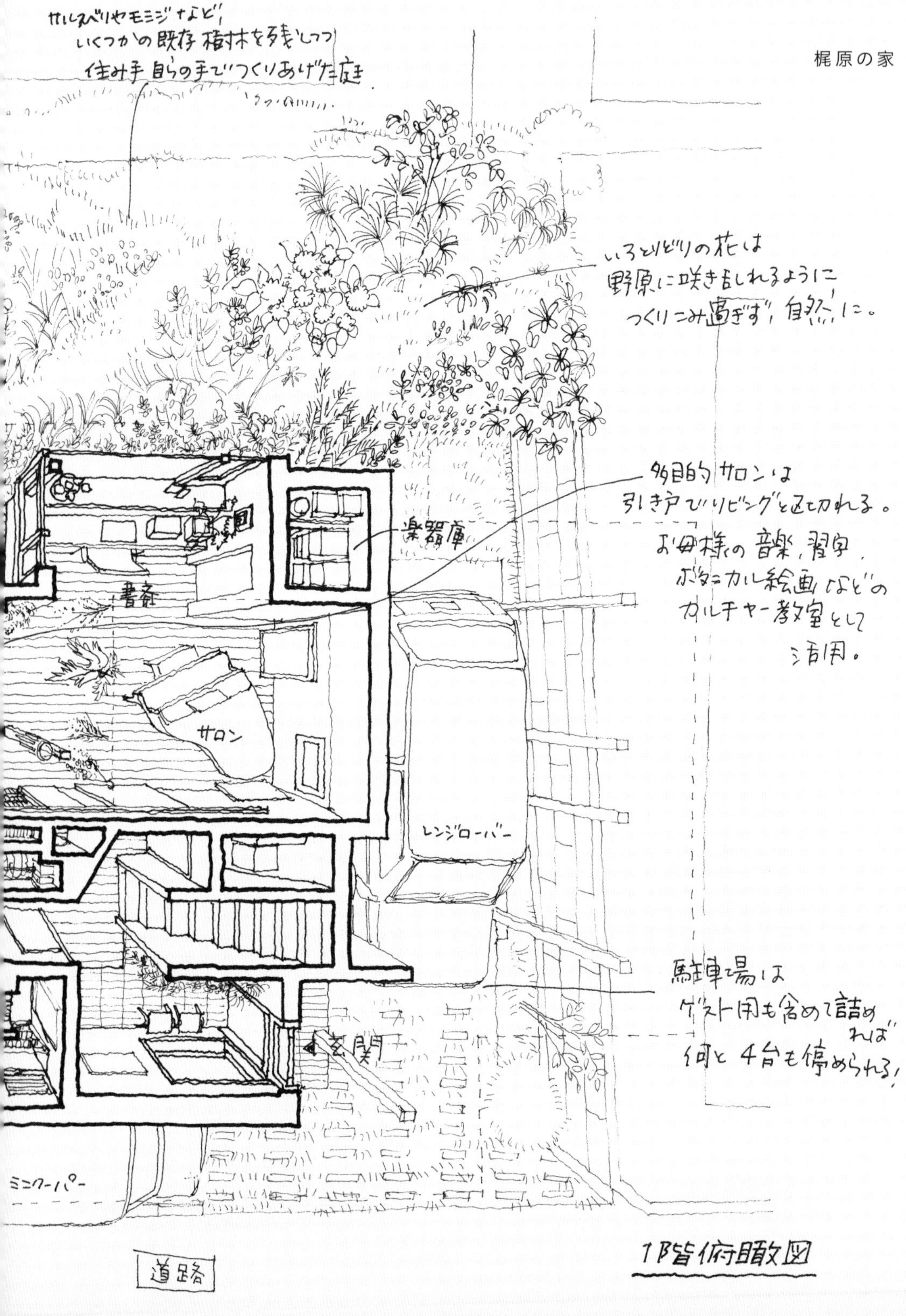

サルスベリやモミジなど、
いくつかの既存樹林を残しつつ
住み手自らの手でつくりあげた庭。
いろとりどりの花は
野原に咲き乱れるように、
つくりこみ過ぎず、自然に。
多目的サロンは
引き戸でリビングと区切れる。
お母様の音楽、習字、
ボタニカル絵画などの
カルチャー教室として
活用。
楽器庫
書斎
サロン
レンジローバー
駐車場は
ゲスト用も含めて詰めれば
何と4台も停められる！
玄関
ミニクーパー
道路
1階俯瞰図

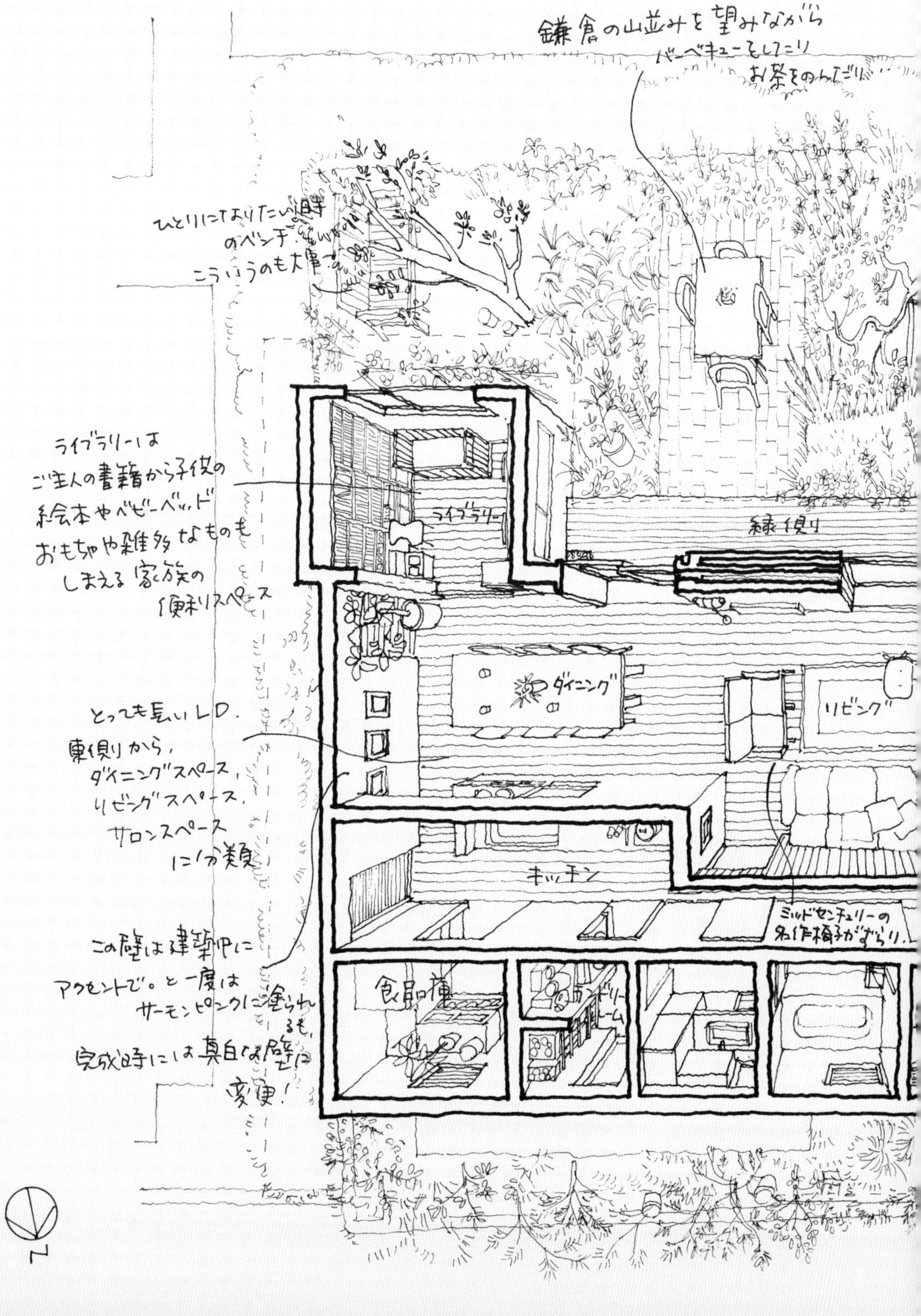
鎌倉の山並みを望みながら
バーベキューをしたり
お茶をのんだり…
ひとりになりたい時のベンチ。こういうのも大事。
ライブラリーは
ご主人の書籍から子供の
絵本やベビーベッド
おもちゃや雑多なものも
しまえる家族の
便利スペース
ライブラリー
縁側
ダイニング
リビング
とっても長いLD。
東側から、
ダイニングスペース、
リビングスペース、
サロンスペース
に分類
キッチン
ミッドセンチュリーの
名作椅子がずらり。
この壁は建築中に
アクセントで、と一度は
サーモンピンクに塗られるも、
完成時には真白な壁に
変更！
食品庫
ランドリールーム

敷地は北鎌倉近くのかつて開発された大型の団地の端に位置する。緑豊かでゆとりある佇まいの住宅が建ち並ぶが、開発から時間が経ち、代替わりを機に建て替えられる家も多くある。施主はこの地に眺望のよい古家を購入し、その佇まいがよかったことから建て替えではなく全面改築をすることを決めた。

［梶原の家］は家族四人と母の二世帯が暮らすことと、母が楽器演奏や植物画などの色々な教室を自宅で主催することから、広いワンルームのようなプランを希望されていた。しかし改築ということもあり、構造を考えるとそれほど自由に柱や壁の位置を変えることはできないので、既存家屋の凸凹とした特徴のある平面をできる限り利用することを考えた。

人が大勢集まるから広いLDKが必要というのはよくある要望だが、大広間が使い勝手がよいかというと必ずしもそうではない。天井が低く囲まれた場所や風景の良い窓辺、ちょっとした窪みのコーナーなどが意外と居心地よかったりするものだ。

購入した古家は北側道路の東西に長い平面形状で、1階は北側にキッチン、浴室、トイレ等の水回り、南側にリビングやいくつかの居室が並んで配置されていた。改築ではおおよその配置は踏襲しつつも、小割になっていた構造上必要のない壁を取り除き、南側に大きなワンルームのLDK空間を確保した。

リビングは母が教室として使用する多目的サロンを兼ねており、一角にはピアノが置かれ中央の引き戸で部屋を二つに仕切ることもできる。また南側のLDKと北側の水回りの間に裏動線としての廊下をとり、全体に回遊性をもたせることで、来客時にも家族の生活と両立できるようにした。リビングダイニングには既存家屋の凸凹とした平面や天井高さを利用して、ライブラリーやソファーコーナなど、空間を構成する素材や色を吟味しながら心地よい「溜まり」をつくった。

キッチンは東側端に少し閉じた形状で配置したが、設計当初はもう少し開放的なキッチンを提案していた。家族五人が暮らし、かつ来客が多いことも考えると、動線をシンプルにしてもう少し視線が抜ける方が使い勝手のよいダイニングキッチンになるのではないかと考えていたからだ。しかし打合せを進める中で、二世帯が暮らすからこその家族の距離感や、来客への対応からある程度閉じていた方が使いやすいと施主が考えていることが分かった。そこでリビング側を壁で閉じ、さらに手元を隠したキッチンにした。キッチンカウンター上が見えないことで生活感を感じさせず家族の日常と教室の時間が共有できた。

今回、南庭を中心とした外構計画はほぼ施主自ら行った。既存のレンガを敷き直したテラス、樹形のきれいな木々や花はそのまま残し、新しく追加した植物と合わせて時の流れを引き継いだ懐かしく優しい雰囲気の庭となった。

取り壊すのではなく、引き継いで新しく生命を吹き込む。色々な世代の人が集い暮らす家は新築とは異なる喜びのある住まいとなった。

Kajiwara house DATA

神奈川県鎌倉市
主要用途　専用住宅（改修）
敷地面積　297.39㎡
延床面積　138.92㎡
　　　　　1F：93.37㎡
　　　　　2F：45.55㎡
竣工　　　2018年

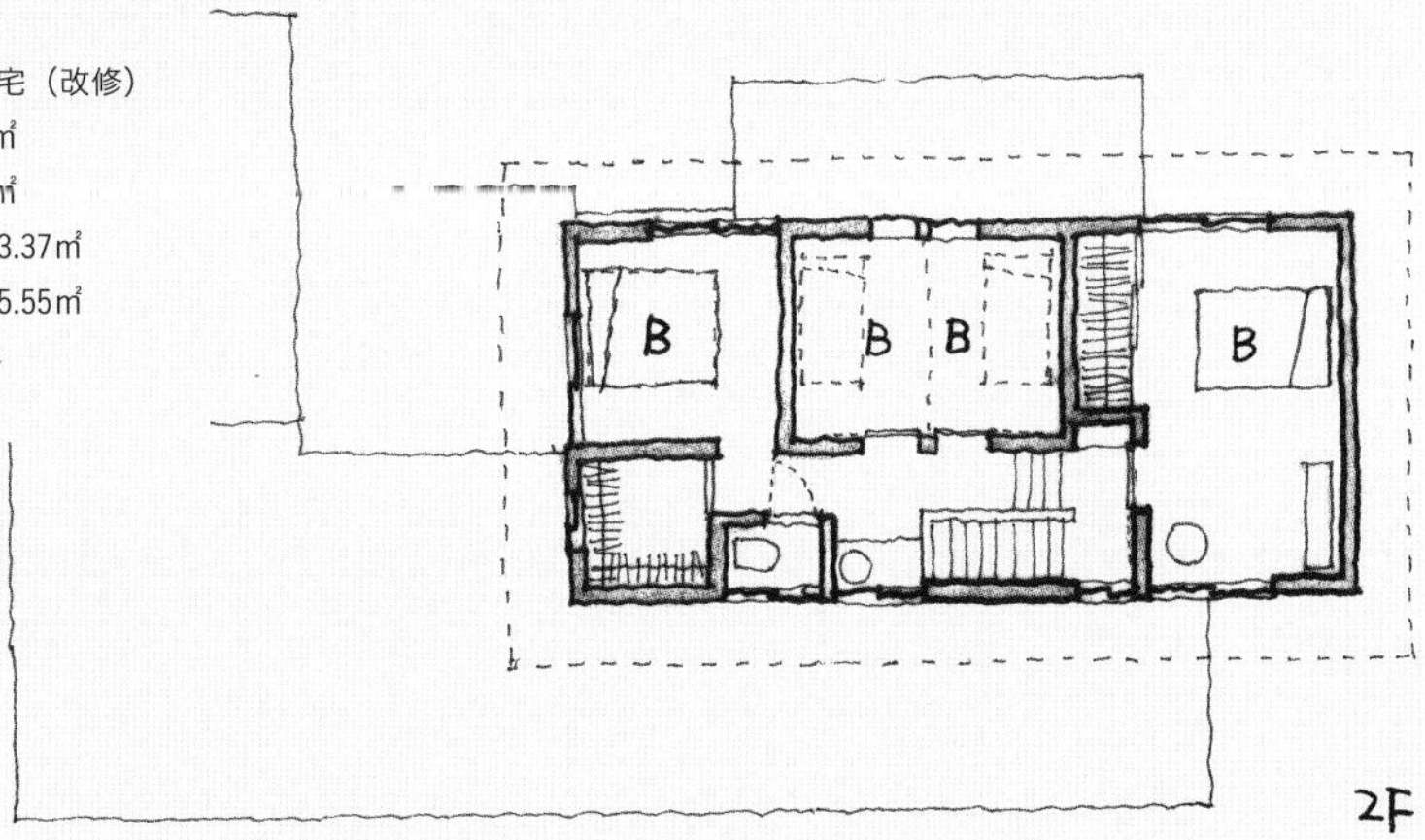

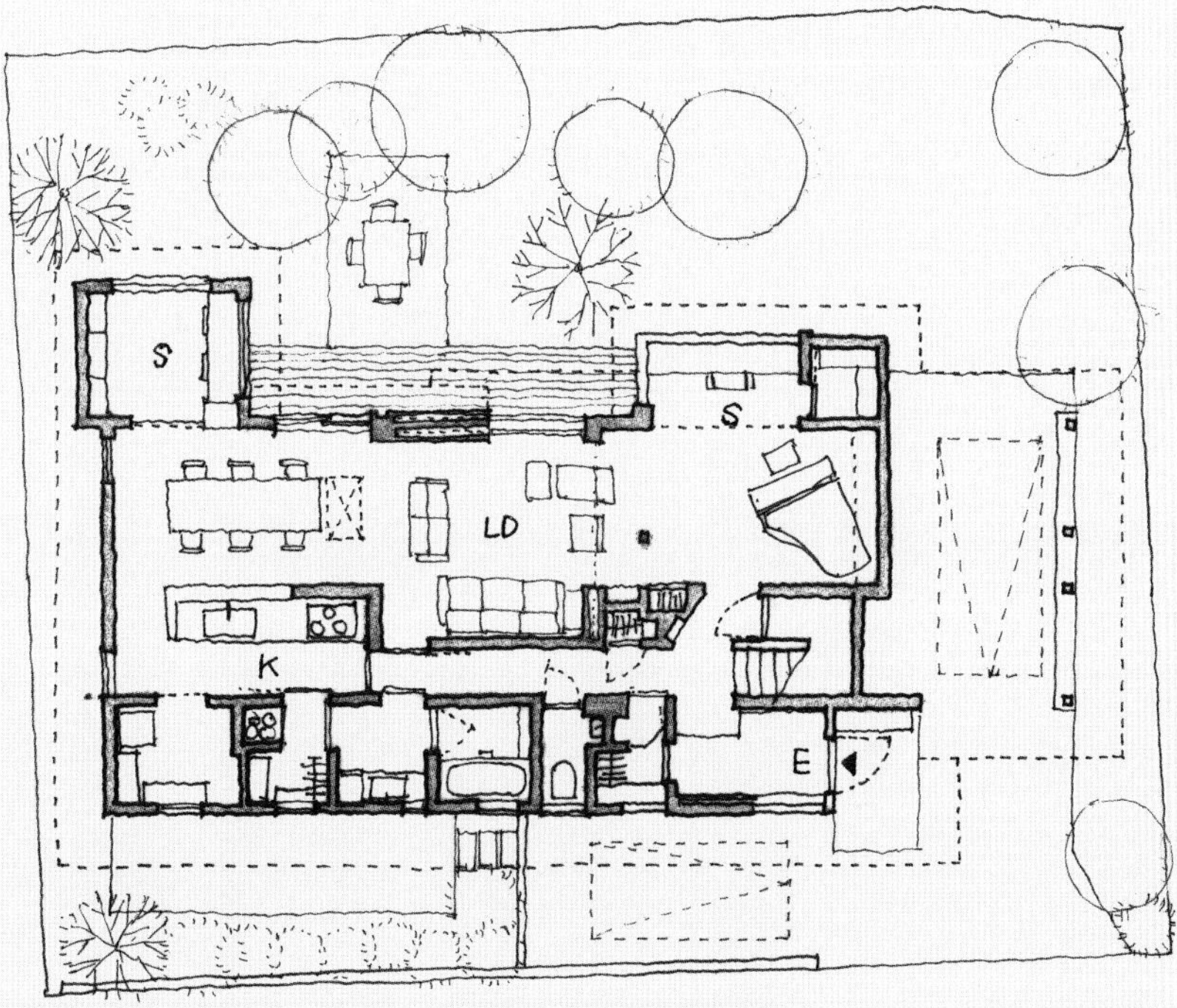

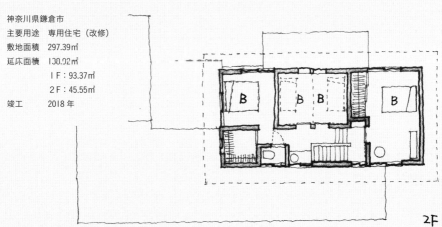

事務所のお茶時間

僕たちの事務所では朝、昼、午後とお茶の時間がある。

お茶を入れる担当は決まっていないので、その時一番お茶を飲みたくなった人が率先して用意することになっている。結果として、お昼以外は僕が入れることが多い。『お茶』と言っているが、入れるのはコーヒーをはじめ、緑茶や紅茶にハーブティや中国茶と幅広い。

設計事務所なので、スタッフ皆で集まるお茶の時間も建築や仕事の話をしていると思われるかもしれないが、実際は建築や設計の話題はほとんどない。その様子に新人や他の事務所を経験しているインターンの学生などは皆少し面食らうようだ。

ではどんな話題が一番多いかといえば、実はお菓子の話。

お茶の時間には毎回欠かさずに甘味がつく。これぞっ！　という銘菓や流行りのお菓子も時々出るけれど、毎日毎回のことなので普段はどこでも手に入る一般的な駄菓子の類が多い。調達係も特に決まっておらず、菓子棚のストックが無くなってくると気がついた人が補充する。国内、海外を問わず定番のお菓子の他に、「これどう？」「これ知ってる？」と皆の表情を伺いながら認知度の低い商品を披露し、インパクトの強いお菓子が発掘された際は皆満面の笑みとなる。

建築やデザインとは全く関係ないと思われるかもしれないが、味はもとより、原材料や取り扱いの商社、パッケージのデザインや色使い、機能性などに話がおよび、その地方での食や暮らし、建築の話にまで広がることもあるので、お茶の時間をきっかけに小さな旅をしている感覚になる。話が盛り上がってしまい気がつくとかなりの時が経っていることも多い。

つけ加えると、自宅でも朝起きたら家族でお茶、朝食後にお茶、夕食後にお茶、寝る前にお茶があるので、仕事時間中をふくめると一日最低7回のお茶時間がある。お茶の回数は生まれ育った習慣によるのかもしれない。

そういえば、家族で僕の実家にもよく遊びに行くけれど、妻は結婚した当初ひっきりなしに出てくるお茶の回数に少し戸惑っていたなあ。

行き来する暮らしかた

建築家との家づくりは、お医者様にとことん話して心を読み解いてもらうようなもの。

本当の自分は何を求めているんだろう？　幸せってどんな時に感じる？

郊外の住まいと自然に浸るための小さな別荘、二つの拠点を行き来する暮らしのはじまり。

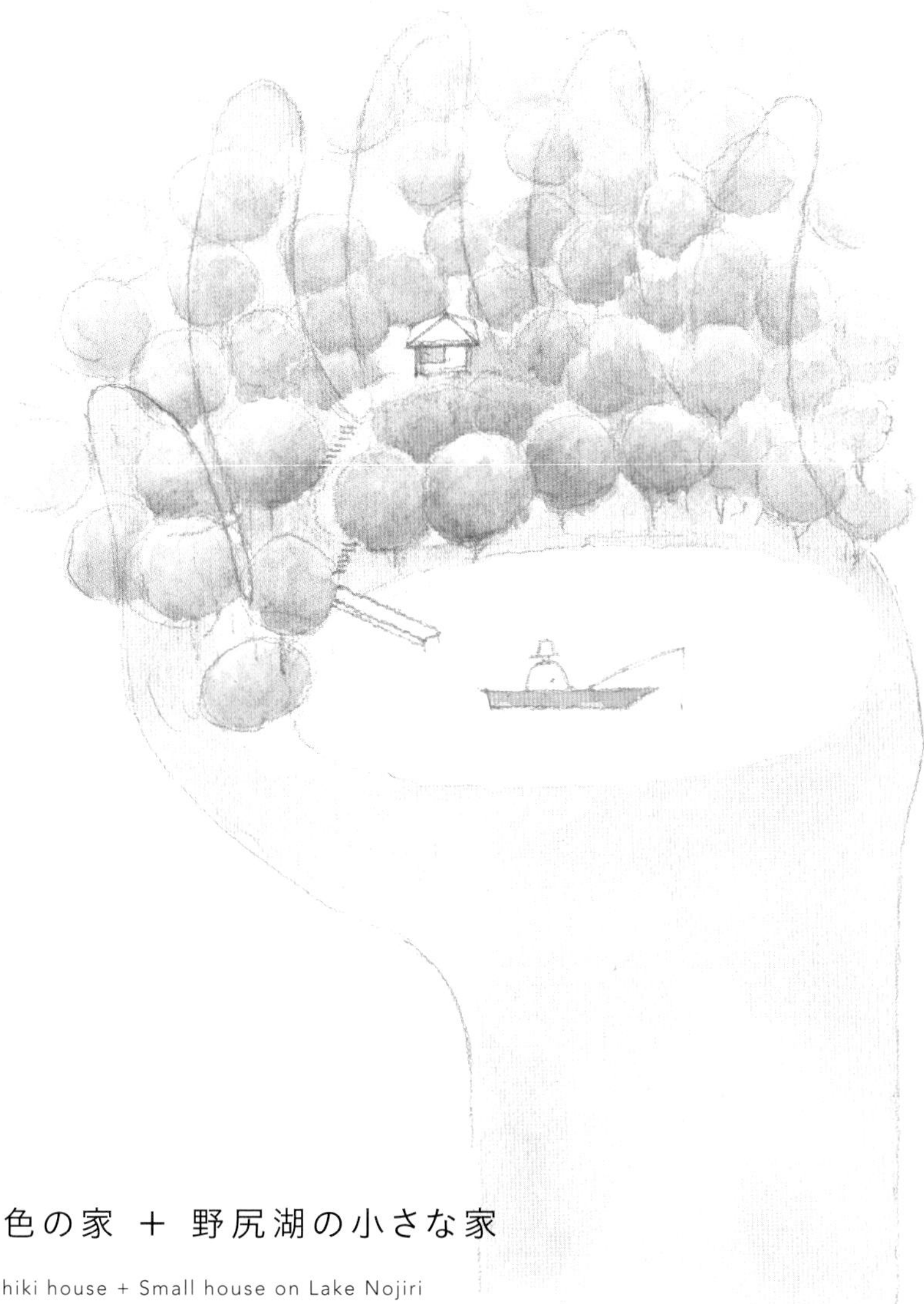

葉山一色の家 ＋ 野尻湖の小さな家

Hayama-Isshiki house + Small house on Lake Nojiri

ノコギリ屋根で
親と子の家が
ゆるやかにつながる

東からの光を採り入れるためのノコギリ屋根。左側が親世帯、ホールを挟んで右側のL字部分が子世帯スペース。外壁はメンテナンスのことを考えてガルバリウム鋼板張りとした。

夏の終わりの葉山はツクツクボウシの鳴き声で満ちていた。坂道を行くと突き当たりに山を背負って鈍く光るシルバーの家が見えてくる。「いらっしゃい」の声と共にドアが開かれると、そこはズドーンと一直線に抜けるホールの入口。正面奥に四角く切り取られた緑がトンネルの出口のように眩しい。

世帯を繋ぐ緩やかな余白

「畳を敷いたら何畳あるでしょうか。けっこう広いんですよ。おかげで収納スペースがとれなかった」と笑う山森さん。「でも、模型を見た時、抜群にいい雰囲気になるのがイメージできたものですから。ここは我が家のキモですね！」。

贅沢な余白は、左右にある子世帯と親世帯の共有空間であり、緩衝空間であり、客人を迎えるまでの「ひと時の間」だ。床は意外なことにモルタル仕上げ。ラフな質感が大地を思わせて、短パンに素足でヒタヒタ歩く山森さんによく似合っている。「床はぜひモルタルに」と希望したのは、知人の家でその床暖房の効率のよさと気持ちよさに感動したからだという。「ここは南側に山が迫っていて日照があまりないんです。ただ、それもこの土地のポテンシャルですから、逆手に取ってテクノロジーで補っていけばいいんじゃないか、と」。工場のようなノコギリ屋根になったのも東からの光を効率的に引き込むためである。

一歩中に入ってまず驚かされるのは、40センチずつ2段に渡って深々と掘り下げられたリビングダイニング。もともとは1段目がリビングで、さらに深いピットにテーブルを置いてダイニングとしていたのだが、暮らし始めてから床座のちゃぶ台（というか、脚を短く切ったテーブル）でご飯を食べ、地中に潜り込んでくつろぐ、というスタイルに変更された。

「ベストポジションは窓際のここ。オットマンに足を投げ出してこんな風に寄りかかると、

右／山の裾野の敷地なりの形状を生かした階段状のアプローチは公園のように周囲に開いている。左／玄関ポーチの庇の下にはお決まりのベンチが。

向こうの庭まで視界が抜ける玄関ホール。左の引き戸を開けると子世帯のリビングで、右側が親世帯。玄関入ってすぐに扉、ではなくワンクッションの「間」があるのがいい。

キッチン側から見たリビングダイニング。天井が高く、床も掘り下げてあるので、平屋という感じがしない。方向性のないモルタルの床が家中に連続しているせいか、それぞれの場所に「部屋」的な区切りがなく自由な雰囲気。

上／ご主人のお気に入りは窓際のここ。革のオットマンは階段代わりでもある。下右／ホールに面した引き戸を開け放つとご両親のスペースまでフラットに連続する。下左／親世帯のリビングから見ると、子世帯の水回りの開口部まで一直線に視線が抜ける。

目線が桜に行って、山が見えて、空が見えます。地面が近いので虫の視線ですね」

住まいと生き方のシフトチェンジ

モノを減らして視界の広がりを楽しみ、家具に固定されない自由な暮らし方を工夫する――それは、夫妻がこの家づくりを通して知った大きな喜びだ。長年、旅や仕事で世界中のいいものを見てきた山森さん。以前は、美しいものや便利なもの、家具も本も洋服も山のように所有していた。「前の暮らしを思うと、箱の中は全部〝欲の塊〟だったな、と(笑)。家の中をマイ美術館みたいにするのがいいと思える年代だったんですよね」。

30歳の時に購入した中古の一軒家は、海の前の高台に建つ2階建ての大きな家で、眺めはよかったけれど掃除も大変だし、子供が生まれると抱っこに荷物で30段の階段を上り下りするのが辛くなってきた。若い時は過去も未来も意識しなかったが、子供を見ていると10年後、20年後を思うようになってくる。仕事のスタイル、親のこと、自分たちの老後。「早めにシフトチェンジした方がいいだろうな、と思ったんです」。

家の売却を依頼した不動産業者が勧めてくれたのがこの土地である。沢に向かって急勾配で降りていく奥の区画が残っていたのだが、「僕らは便利で都会的な場所よりも、道路から離れたデッドエンドが好きだったので、まさにここだ！と」隣接する区画もまとめて購入。奥さまのご両親との二世帯住宅を建てることにした。

設計を建築家に依頼することは最初から決めていたという。「望んでいたのは、毎日新鮮な気持ちで、心地よくふつうの生活ができる、尖ったところのない家。でも、それって確たる答えがないでしょう。家づくりは〝自分発見〟みたいなもの。いろいろ話して、お医者様のよう

右／猫のクリちゃん。「久里浜で拾われて、クリスマスにもらって来たから『クリ』」。左／大きなテレビモニターを置くのがイヤなので、ハードディスクにプロジェクターをつないでスクリーンに投影している。

に読み解いて診断してもらえるのが建築家に依頼する良さだと思ったんです」。

だから、重要だったのは建築家本人と直接話せるということだった。自分の仕事でも、現場で決めたはずのことが、人を介することで伝言ゲームのようにズレていくことがある。伝える相手との上下関係によっては遠慮が生まれたりもする。「対等に、ゼロからイチを一緒につってもらいたかったんです。何げないやりとりがプランに反映されるような、気持ちよくミックスできる人が必ずいると思って」。そうやって選ばれたのが八島さんというわけだ。

さて、そこからが長かった！ 最終プランがまとまるまでなんと約2年。敷地の造成に時間がかかったという背景もあったが、夫妻が「本当の自分」を発見するまでの道のりは平坦ではなかった。

基本方針は「平屋で、この土地のよさを最大限生かした家に。海側の景色よりも山にフォーカスして欲しい」というもの。しかし、最初に提案されたプランを見ると少し窮屈な気がした。収納が足りないし、雨の日に外を楽しめる軒下のデッキも欲しい。やっぱり予算を追加して2階建てにしようか、水回りは二世帯共有にして子世帯のリビングと寝室を上に上げようか、という話になった。

モノを捨て、煩悩を捨てたその先に……

「広くしたいというのは、結局、モノのためだったんですよ。2番目のプランを見た時に、収納にお金をかけて固定資産税を払っていくんだ、ってことに気がつきまして。なんて自分は愚かなんだろう、収納を考えてもらうために建築家に頼んだわけじゃないだろう、って。その時、八島さんが言ったんです。『初志貫徹！』それで決心しました。しまい込まずに見えてい

右／脱衣室に置かれているのは「明治か大正の頃の駄菓子屋さんの商品ケース」。これはあらかじめ設計に組み込まれた。
左／ガスレンジの下はオープンな棚で取り出しやすく。

使い込まれた道具たちは
家族の「おいしい」の証

夫婦そろって料理好き。キッチンにはずらりと鉄のフライパンがぶら下がっている。朝食はここでササッと。カウンターの足元にはフットレストが付けられている。

るモノだけで暮らそう、と。あの時、人間としての生き方を考え直したのかもしれませんね」

八島さんは、あえて要望通り収納がたっぷりのプランを描いたのだった。「山森さんは形にして見てもらえばわかると思っていました。2階建てよりも、家があって山があって、というプロポーションがいいでしょう？　って」。

さまざまな葛藤を経て、煩悩を捨てて行き着いたのが現在の姿である。「最終プランに移る時に〝急に豹変した山森家〟というのがいて（笑）、入ってすぐ壁、じゃなくて、一見無駄に思えるようなヌケがあるのもいいですよね、って話をしたら、八島さん、こんなにたっぷり抜いてきた。おぉぉぉ！ってなりました（笑）」。

というわけで、工事は着々と進んだ。しかし、すっかり建築モードに入ってしまった山森家の勢いは止まらなかった。２０１４年の夏、たまたま旅の途中軽い気持ちで見に行った野尻湖畔の土地に魅せられ、あれよあれよと別荘計画がスタートすることに。

「葉山も心地よいところですが、自然の中での生きるための活動というのは田舎でしかできませんから。野のもの、山のものを採って、魚を釣って、たき火して……人間の原始的な生活がここならできる。やるなら若いうちがいい、今しかない、と思っちゃったんですね」と山森さん。雪国育ちなので積雪2メートルになると言われても抵抗は感じなかったという。すぐに八島さん夫妻を現地に伴い、翌年の雪解けの季節に着工できるように大急ぎで設計を進めてもらった。

右／玄関ホールはギャラリーでもある。カメラ好きのご主人が撮った子供たちの写真。左／シュークローゼットの棚にも写真や小物が並ぶ。

上／11歳の長男と８歳の次男の部屋。ゆくゆくは２段ベッドで仕切るかもしれないけれど、壁で分けるつもりはない。下右／二世帯共有のシュークローゼット。ここから納戸やキッチンへ抜けられる。下左／家族全員の衣類やバッグなどが収められた「洋服部屋」。内部に脱衣室に通じる引き戸があるので、バスルームと行き来しながら身支度ができて便利。

5×5mで十分
湖畔に佇む
ミニマムハウス

晩秋の野尻湖畔。湖に向かって下る三日月形の土地で、建物を建てられる平らな場所はほんの少ししかない。ここで焚き火をするのが至福の時。

上／「FIXに見せたいけれど、開閉もしたいので」引き違いではなく滑り出し窓に。暖房はPSヒーター。小さいけれど設備は都会の住宅並みに充実している。下／別荘から湖の桟橋まで80メートルほど。冬はかんじきで雪を踏み固めて下りていく。

雪が積もる前の束の間の秋を楽しむ。11月〜3月末までワカサギ船が出るという。「雪の季節がいいですよ！　景色がすべてシルバーになるんです」と山森さん。

181　キッチンからダイニング兼用のリビング越しに湖を眺める。窓の外に枝を広げるのはクルミの木。

大自然に溶け込むミニマムハウス

基本はお任せ。雪が自然に落ちる方形の屋根にすること、雪が積もる場所を一切つくらないこと、デッキなどとだけを希望した。そして、プランが出てきてから、お風呂はバスタブなしのシャワーだけ、暖炉も薪ストーブもいらない、という修正を加えた。

「掃除をしないでいい、というのがコンセプトだったので。スキーに行った後に温泉に入ってくればいいし、薪ストーブも温度調整がけっこう大変でしょう。雪の中やってきて、すぐに暖かくならないのはイヤですしね」

ただこの景色の中で過ごすための場所――そうは言うけれど、山森さんがイメージするのは決して山小屋的なものじゃないだろう、小さくて

外壁はシダー材シングル張り。雪の多いこの地域では屋根は片流れがセオリーだそうだが「片方ばかりに雪が落ちるのも困るし、いかにも山荘っぽいのもどうかな、と思って」方形にしてもらった。

もそれぞれの場のクオリティをできるだけ高くした方がいいだろう、と八島さんたちは読み解いた。その結果「予算と質のせめぎ合いで」導き出された5×5メートルのマッチ箱のようなプランである。当初、あまりの小ささに山森さんは驚いたそうだが、料理するところ、食べるところ、寝るところがきちんと分けられ、輻射《ふくしゃ》パネルによる冷暖房も完備。都市の住宅に匹敵する心地よさが隅々まで確保されている。

しかし、外に出ればやるべき作業が山のようにある。下草を苅り、倒木をチェーンソーで伐り、冬は湖に張り出す栈橋の雪かきもしなくてはならない。豪雪の時期は舗装されていない道を車で降りられないので、カンジキを履いて滞在中の食料を抱えて運び込む。「帰りはゴミも持って上がらなくちゃいけないので、ゴ

上／全体に対してキッチンが占める面積が大きい。「食」は山森家の基本である。下右／家の中に暖炉はいらない、と山森さん。簡単な焚き火台だけでシンプルに火を味わう。下左／家族四人でゆったり眠れるロフト。屋根に包まれて居心地がいい。

大自然に包まれた
「何もない」場所
それが一番の贅沢

前の持ち主が船を持っていたため、土地を購入した時から桟橋がつくられていた。座っていると鳥と虫の鳴き声しか聞こえてこない。

ミが出ないように最低限の買い物をして、無駄なく全部食べきるのがルール。こんな経験が、子供たちも何かしら印象に残ったらいいな、と思っています」。

子供たちが休みの時以外は、山森さん一人で月に1~2回、5日ほど滞在するという。「今は自分のいる場所を仕事場に変えられる時代ですから。メールやWebツールを使えば葉山町でも野尻湖でも山の中でも、森の中でも、自由自在です。海は難しいですが(笑)」

〝ほんのちょっと〟が心を豊かにする

この家に暮らすようになって5年。自分自身に何か変化はありました? そう聞くと、「人と集うことがより好きになりましたね」と山森さん。「以前は、人を招く時にケータリングを呼んだりしてましたが、今は気軽に、もっと深く、密に人と接することができるようになりました。近所の友人家族3組くらいで料理を持ち寄って、お酒を飲んでいろんな話をするのが楽しくてしょうがない。それもこの空間があればこそのことでしょう」。モノ・コト全ては人との交差で生まれるものだから、これからは、複数拠点で生活するのが当たり前になってくるだろう。時代に寄り添いながら、自分の想いに忠実に、かつ大胆に歩んでいきたい。ここ葉山町で仕事も地域活動もしていきたい。ほんのちょっとの先に見える視界が、生活にも仕事にも役立つはず。友人と、地元の人たちと、誰と組んで何をやるか、可能性は無限だ!

「週末は、庭で両親と夕涼みしながら一緒に食事したりしています。両方のキッチンから料理を持って来て。やっぱりふだんの生活をちょっとよくしてくれるこの家とか庭が、この時間をつくってくれているんだな、と思いますね」

ほんと、ちょっとでいいんですよね。静かに山森さんは繰り返す。日の陰った庭に秋の虫の声が聞こえてきた。

右/家の裏手の斜面は梅林。中/床から天井までの開口部はフレームなしのFIX。左/キッチン裏の小屋裏は山森さんの籠もり部屋。ここからは海側の景色が眺められる。

近所の友人家族を招いたり、ご両親と一緒に食事をしたり、大活躍の庭。

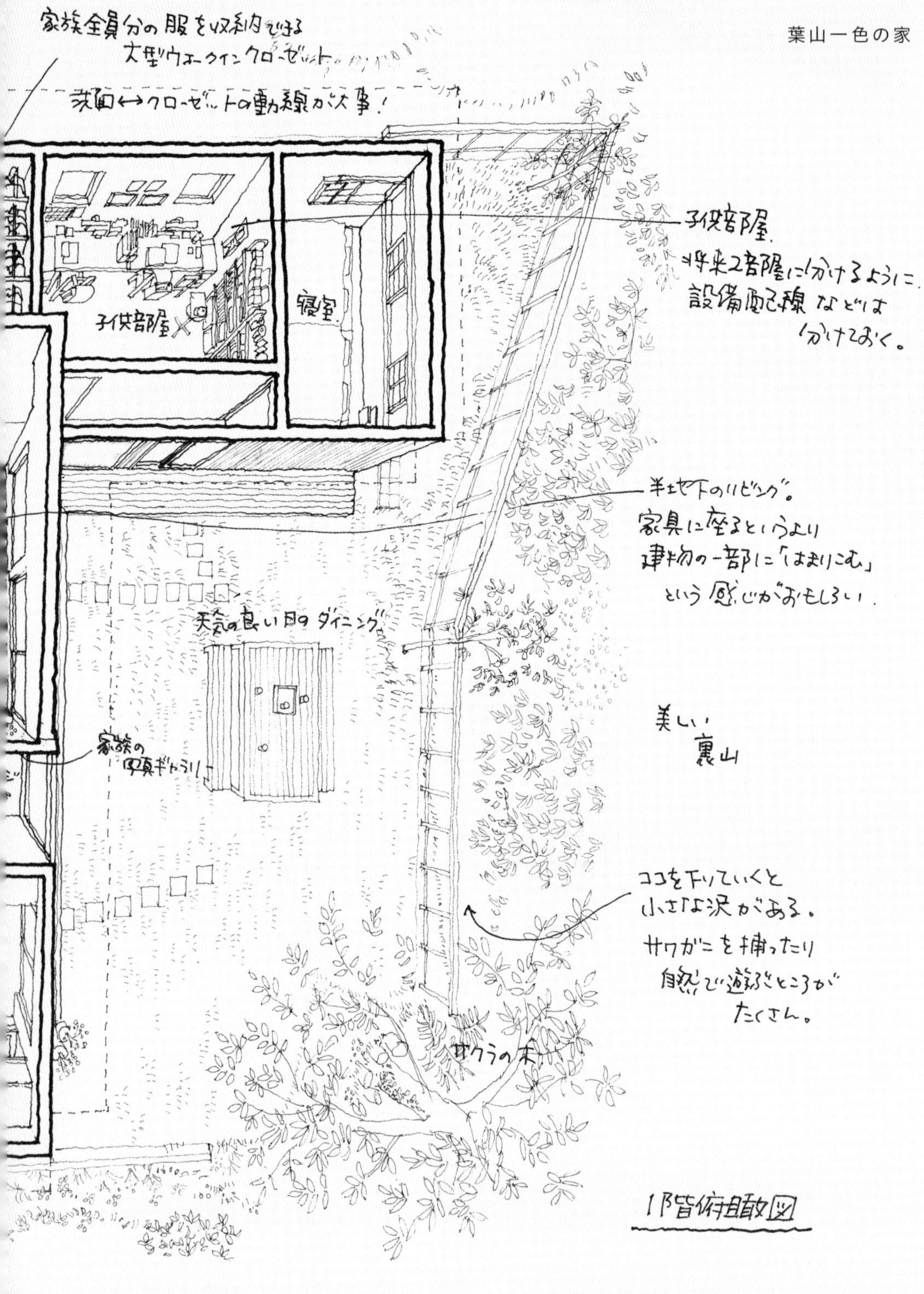
家族全員分の服を収納できる
大型ウォークインクローゼット
洗面↔クローゼットの動線が大事!
子供部屋
寝室
子供部屋
将来2部屋に分けるように
設備配線などは
分けておく。
半地下のリビング。
家具に座るというより
建物の一部に「はまりこむ」
という感じがおもしろい。
天気の良い日のダイニング
家族の写真ギャラリー
美しい
裏山
ココを下りていくと
小さな沢がある。
サワガニを捕ったり
自然で遊ぶところが
たくさん。
サクラの木
1階俯瞰図

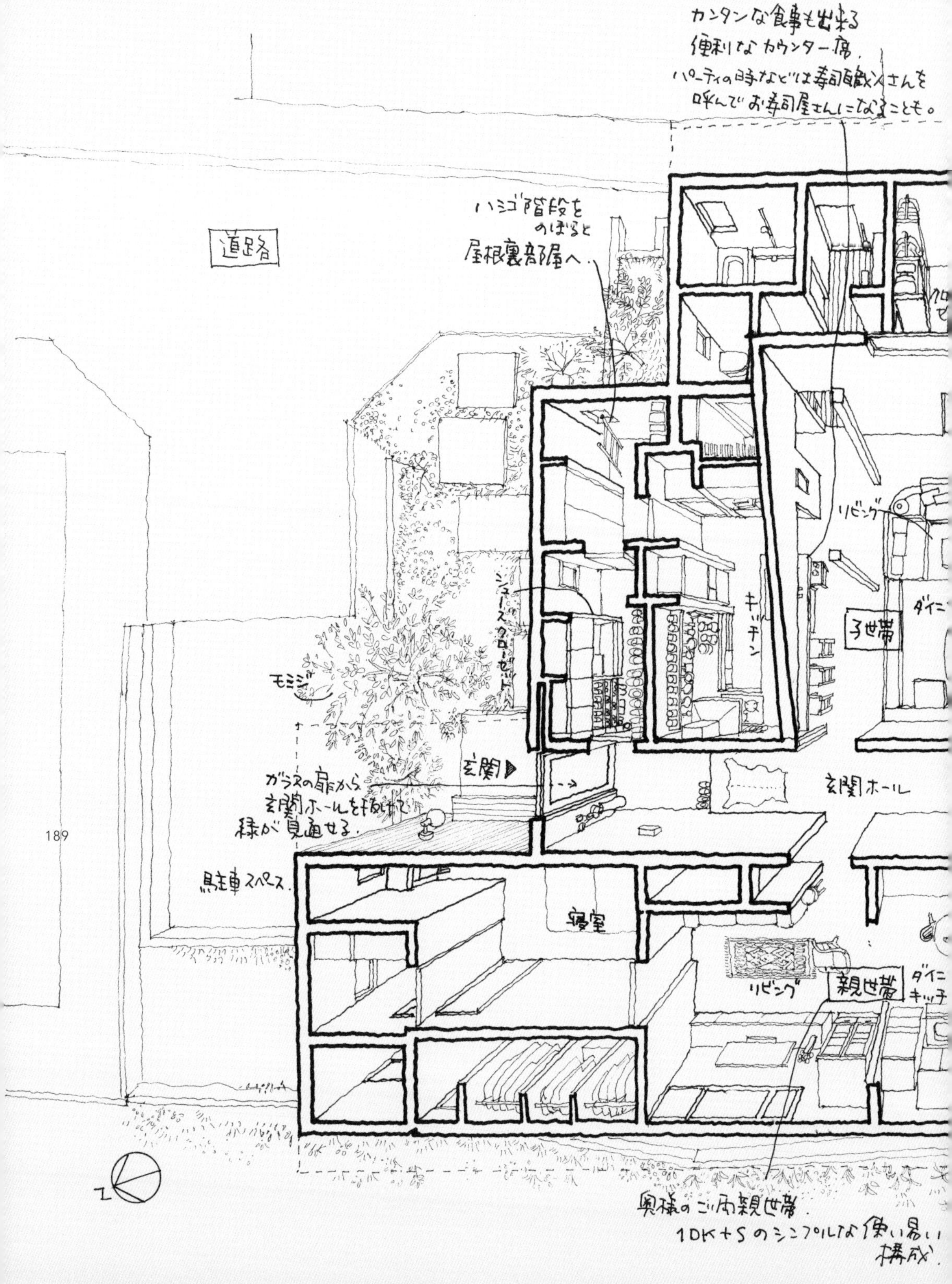

カンタンな食事も出来る
便利なカウンター席。
パーティの時などは寿司職人さんを
呼んでお寿司屋さんになることも。
ハシゴ階段を
のぼると
屋根裏部屋へ。
道路
リビング
ダイニ
シューズクローゼット
キッチン
子世帯
モミジ
玄関▶
ガラスの扉から
玄関ホールを抜けて
緑が見通せる。
玄関ホール
駐車スペース
寝室
リビング
親世帯
ダイニ
キッチ
奥様のご両親世帯。
1DK+Sのシンプルな使い易い
構成。

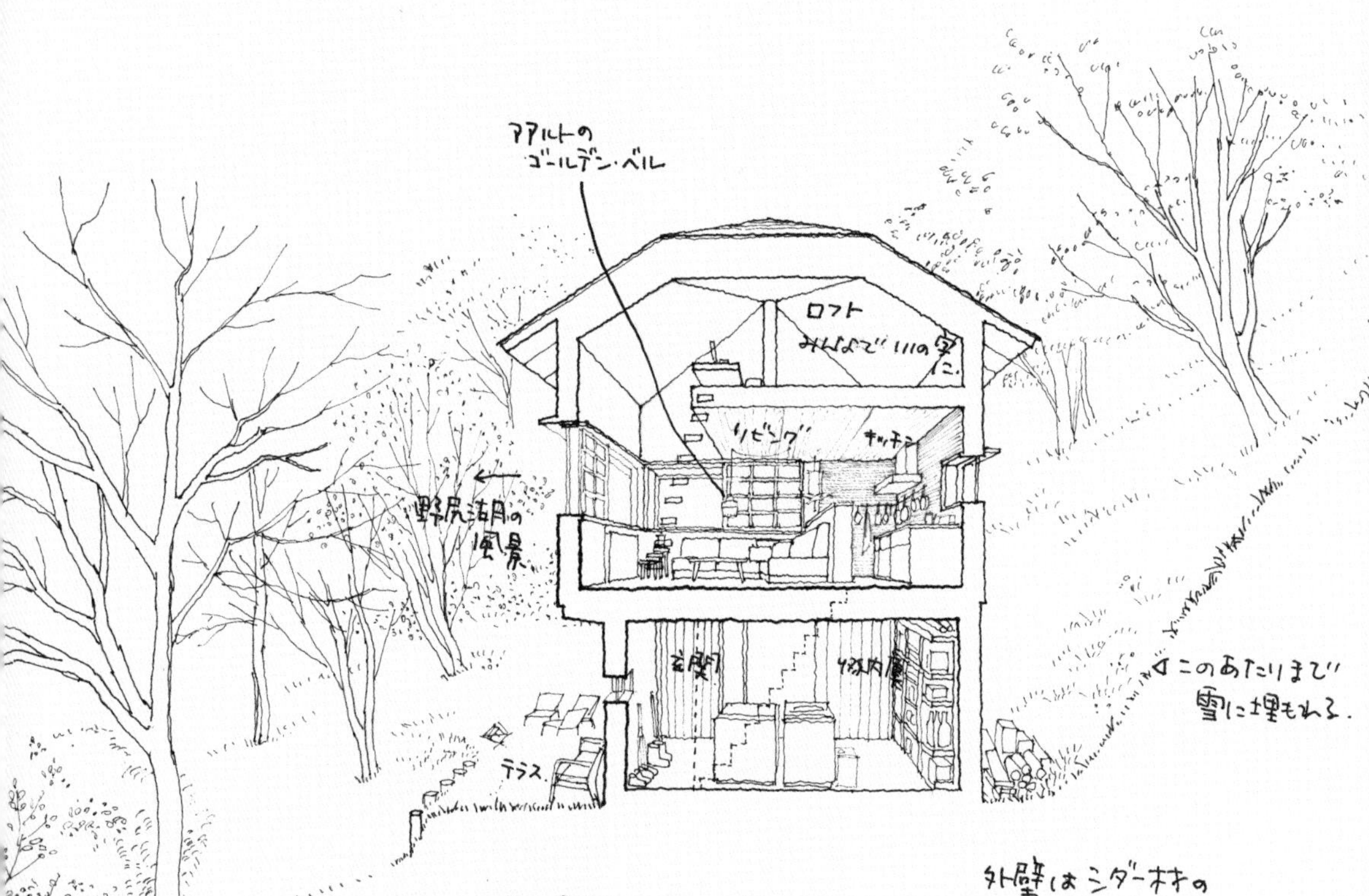

外壁はシダー材の
ドイツ下見張り仕上げ
〜
アカゲラが
つついて穴を
あけてしまった!!

1階は玄関と倉庫、2階が生活の中心。
小屋裏は就寝スペース。
小さいが食寝分離を実現。

夏は雑草刈り、秋は落ち葉、冬は雪かき…
山荘の維持は苦労が多い。
でも筍やキノコ、湖で釣るワカサギなど
四季折々の食の恵みも多いという。

断面図

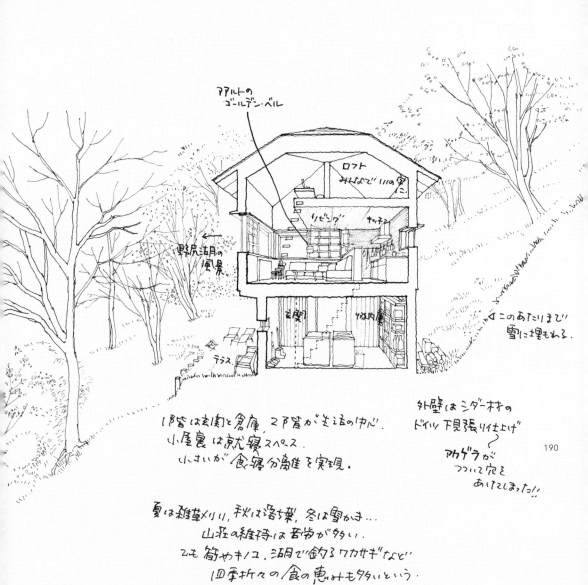

葉山一色の家のオーナーが持つ、小さな湖荘。
1階はコンクリート造で2階は木造。
建坪5m×5mの小さな面積に詰め込まれた
くつろぎの空間。

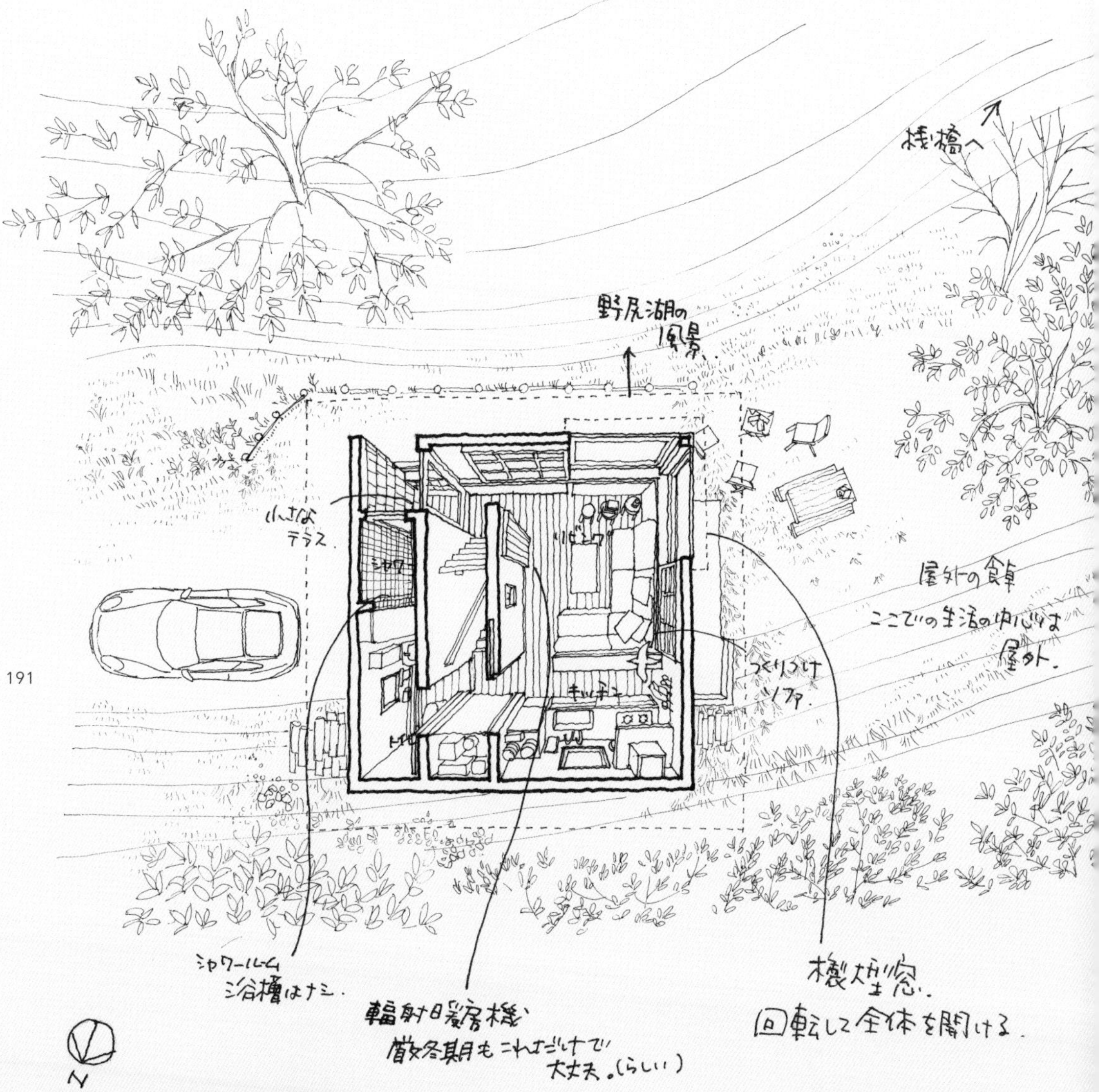

2階俯瞰図

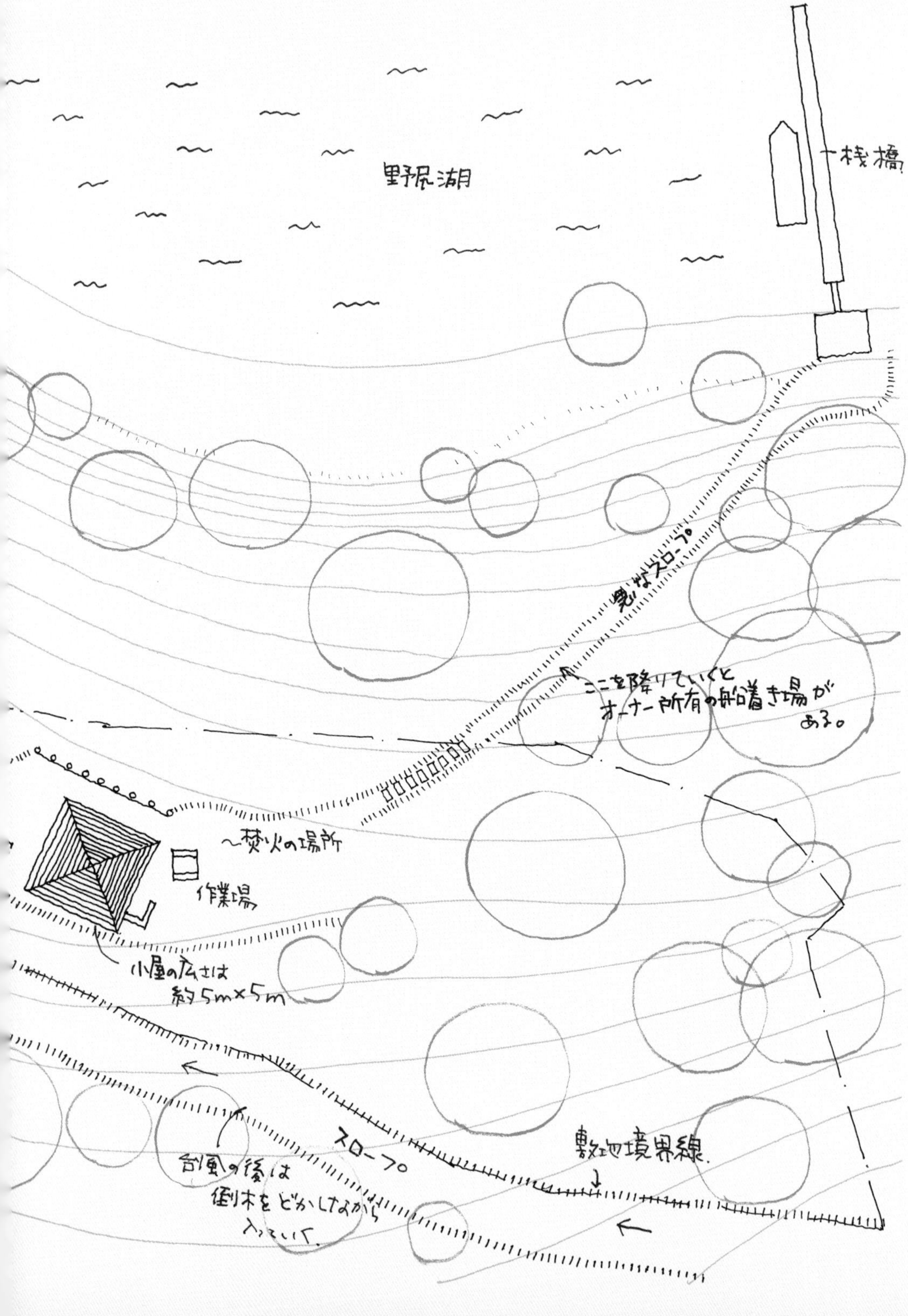

野尻湖
桟橋
急なスロープ
ここを降りていくと
オーナー所有の船着き場が
ある。
焚火の場所
作業場
小屋の広さは
約5m×5m
スロープ
台風の後は
倒木をどかしながら
入っていく。
敷地境界線

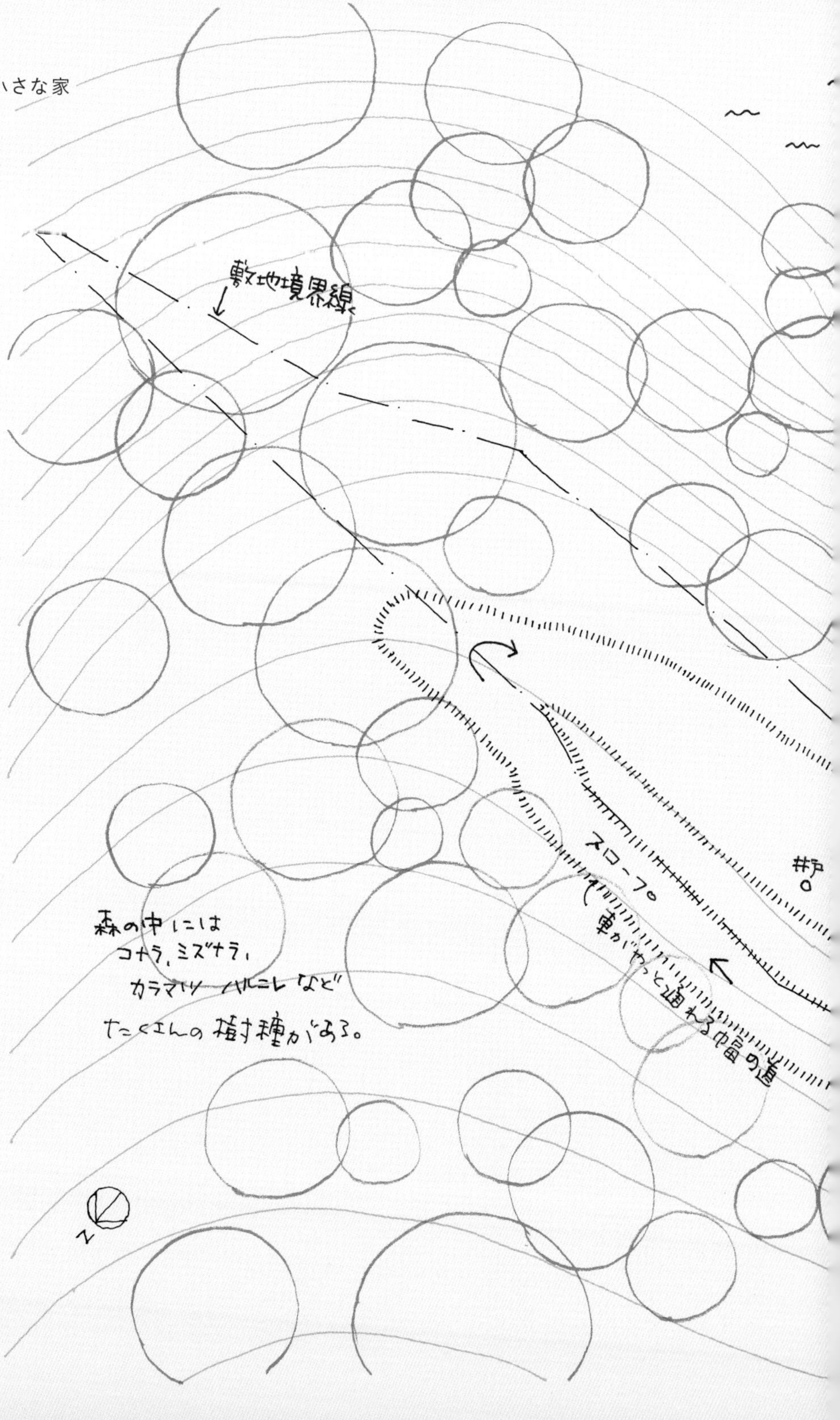
敷地境界線
スロープで
車がやっと通れる幅の道
森の中には
コナラ、ミズナラ、
カラマツ ハルニレ など
たくさんの樹種がある。
N

2軒の距離

二世帯住宅を設計する際は、最初に互いの距離感について考える。親子であっても世代が異なればライフスタイルも変わるし、それが二つの世帯となれば尚更だ。生活の中のどの部分を共有するか、どれくらいの頻度で顔を合わせるかなど、望まれる状況は家族それぞれだと思う。

[葉山一色の家]は一つの建物に独立した2軒を組み込んだ二世帯住宅である。

敷地は山の裾野をミニ開発によって分譲した土地の突き当たり部分で、山が南西に位置することから山影になるような土地だった。午後の日当たりがあまりよくないという点はあるが、道路側を建物で遮ることによって周囲から隔離された緑豊かな環境を享受することができるのではないかと考えた。

計画は、四人家族と両親の暮らす二世帯住宅である。通りからは平屋建ての窓の少ない無骨な外観だが、玄関を入ると山に囲まれた庭まで見通せる印象的なホールがまっすぐに延びる。ホールは二世帯で共有し、ホールに面したそれぞれの扉の先からは互いの生活に干渉することはない。一見すると無駄に見える空間だが、二世帯にとって大切なスペースで、緩衝帯というと大袈裟かもしれないが、気配を和らげたり逆に互いの家の扉を開け放っている際には繋げたりする場にもなる。

子世帯は、庭に面したLDKを中心にファミリークローゼットや食品庫といった収納が付随し、その南東側奥に寝室が並ぶ。リビングダイニングはオープンなキッチンや床に高低差を設け視線を変えることで、人が集まった際にもそれぞれの活動がしやすいワンルームとした。親世帯も庭に面した位置にダイニングキッチンを配置し、北側の奥まった位置にリビング、寝室や水回りをまとめた。建物全体は日当たりを考慮し、山並みに呼応するような鋸型の屋根を架け東の日差しを取り入れやすくしている。どちらの家からも庭に出ないと互いの暮らしを直接見ることはできない。そこで地続きの庭には屋外のダイニングスペースを設けた。

[野尻湖の小さな家]は長野県の野尻湖湖畔に建つ、子世帯のためのとても小さな別荘だ。建物が一切見えない細い山道を下って、視界の先に湖畔の景色が開けたところに5メートル四方の小屋がポツンと建つ。用途を最小限に絞って、1階が玄関と倉庫、2階がLDKと水回りで、リビングの吹き抜け上部に家族が川の字になって眠る小屋裏スペース、という家族の気配を常に感じるつくりだ。こちらの家は積雪や湿気の影響を考え、1階をコンクリート造、2階を木造の混構造とした。2階がせり出す高床のような形状にしたため、リビングからの眺めは展望台から望む景色のようになった。

2軒を同時期に建てた施主は、物理的な距離の他に自然環境の違いや内部での所作、家族の距離感など普段の生活との違いを強く意識することになる。家族とより濃密な時間を愉しんだり、自然の中に一人身を置き思索に耽ったり、広々とした葉山とコンパクトながら機能を濃縮した野尻湖、施主にとってこの対比的な建物の2軒でそれぞれ暮らすことによって、日常の心地よい調和が生まれるのかもしれない。

葉山一色の家

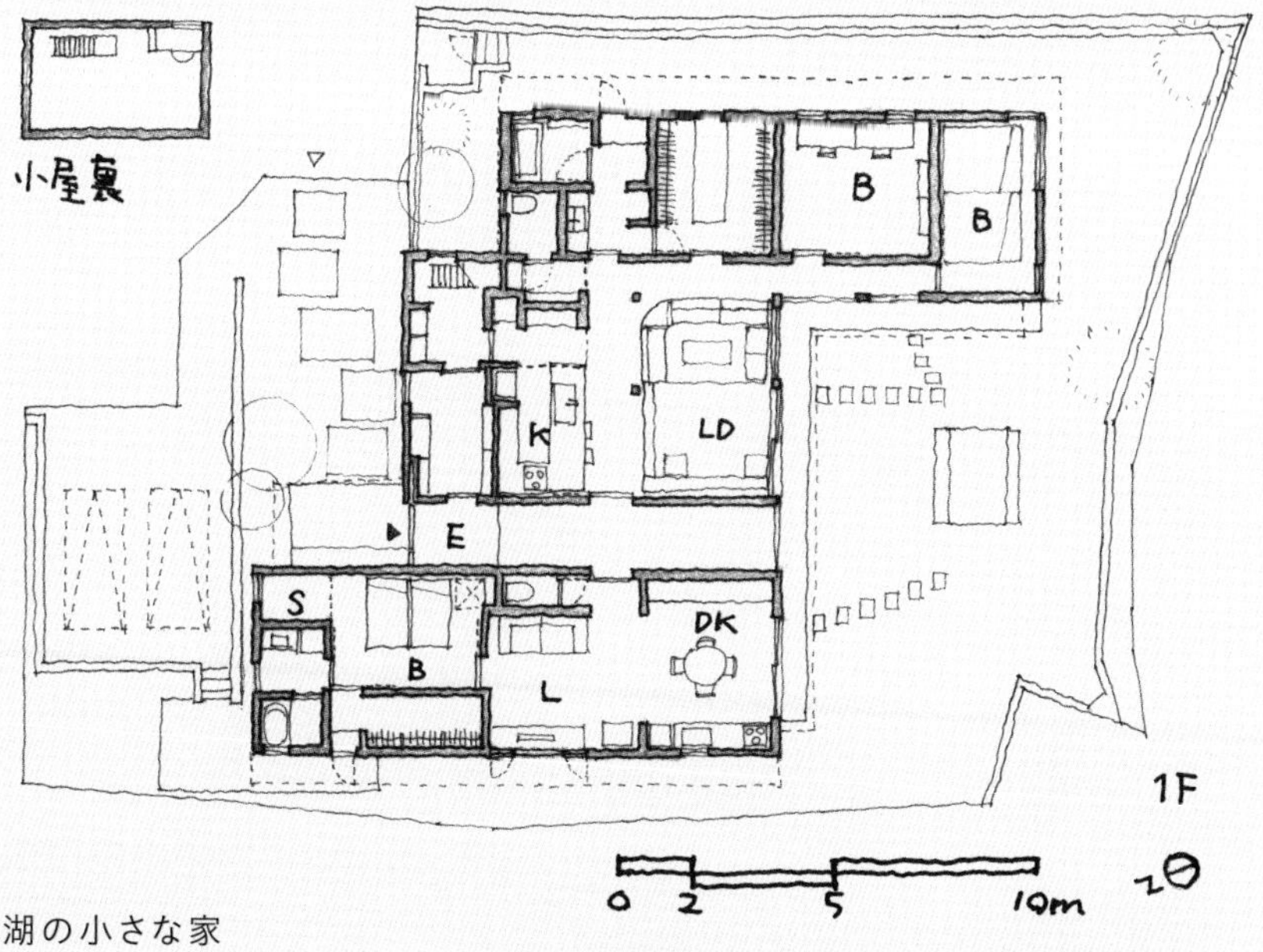

野尻湖の小さな家

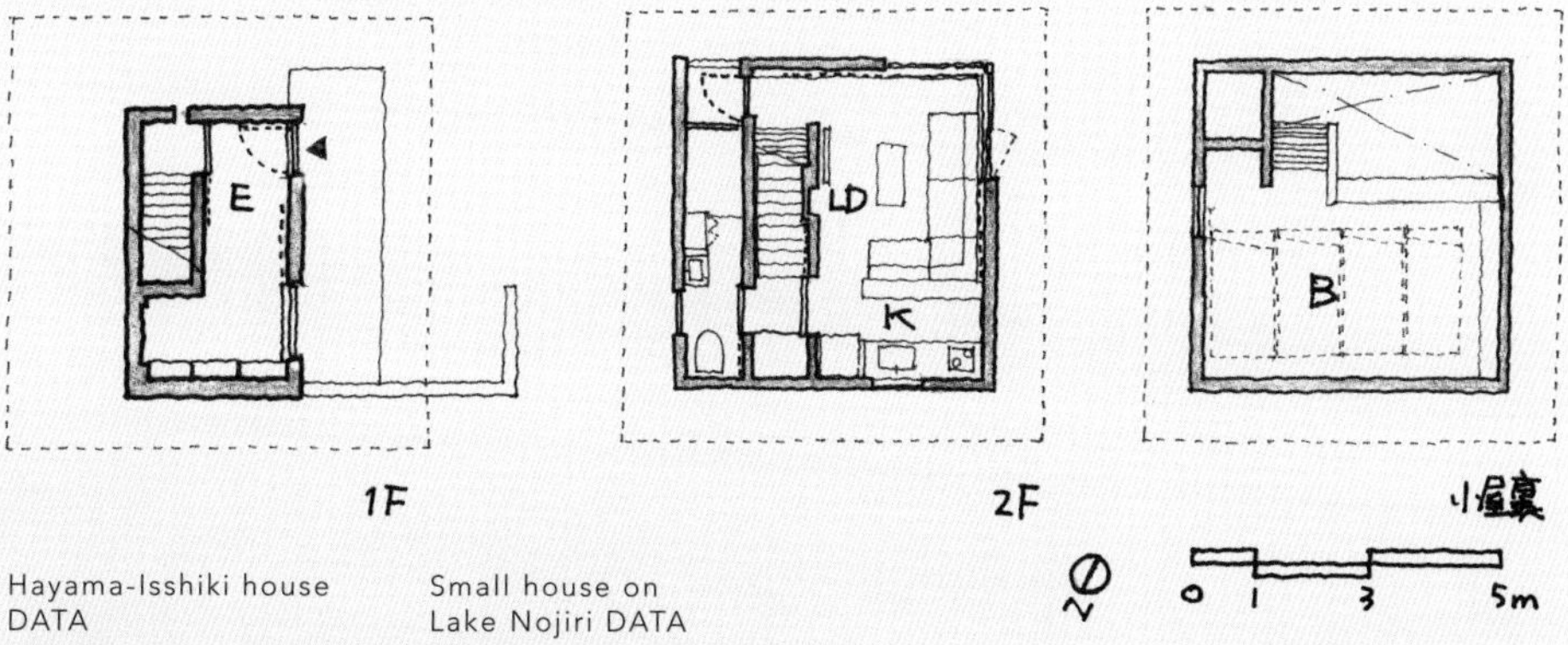

Hayama-Isshiki house DATA

神奈川県三浦郡
主要用途　２世帯住宅
敷地面積　498.77㎡
延床面積　194.32㎡
　　　　　1F：194.32㎡
竣工　　　2015年

Small house on Lake Nojiri DATA

長野県上水内郡
主要用途　別荘
敷地面積　2159㎡
延床面積　36.73㎡
　　　　　1F：11.68㎡
　　　　　2F：25.05㎡
竣工　　　2015年

丘の上の白い方舟

家族のこれから、仕事のこれから、いろいろ考えて職住＋αの家を建てることにした。
日々、他愛もない小さな喜びがあって、その延長上に５年後、10年後、
もっと先の明日が想像できるような、安心して身を委ねられる家になったらいい——
そう願うのは、他のどの家を設計する時も同じことだ。

山手町の家

Yamatecho house

坂を上りきった
突き当りに建つ
真っ白な三角屋根

以前、ここに建っていた古家のイメージを街の記憶として引き継ぐ三角屋根の白い外観。右手が住居への入口、左端が地下の事務所への入口。

事務所へのアプローチ。ソヨゴの木の下をくぐるように階段を下りていく。

胸を突くような坂道。すれ違う人は誰もいない。観光客が行き交う中華街や元町の賑わいから離れた山の手の住宅街には落ち着いた空気と時間が流れている。

しばらく行くと、正面に三角屋根の白い家が見えてくる。事務所の入口は自宅玄関とは離れていて、道路に面した駐車スペースの脇から地下に降りていくのだが、木々が枝を広げる真っ白なドライエリアに向かって開いているので、地下という暗いイメージが一切ない。道路沿いには公園のように街に開く緑のスペースが設けられ、道行く人が自由に腰掛けられるベンチまで造り付けられている。朝、自宅の玄関からいったん通りに出て、ベンチの前をスタスタ歩いて「出勤」する、この距離感が気分を切り替えるのにいいんだろう。

思い描いていた土地との出会い

八島さん夫妻は、事務所を開設して以来のほとんどの期間、二人の実家がある横浜を本拠地としてきた。新婚時代、「食べる」「寝る」に特化された1DKの賃貸マンションに住んでいた時から、いつかは自邸をと土地探しを続けていたが、子育ても忙しくなった頃、ようやくこの古家付きの土地に巡り会うことができた。

「これはなんとかならないかなぁ、と。この辺りで小さくて特徴のある土地はなかなか出ませんから。敷地面積のわりに間口が広いので事務所と住居の入口を分けることができるし、北側道路だから高さの制限もゆるい。観光地なのでお施主さんも遊びがてら気軽に打ち合わせに来ていただけますしね。僕たちにとって理想的な場所だと思ったんです」

しかし、思い切って購入したのはいいけれど、建っていた古家は築27年のハウスメーカーの家。土地と建物を合わせて考えていた予算はほとんど土地代で使ってしまったので、すぐに建て替える余裕はなく、雨漏りや傷んだ床に最低限の補修を施してしばらく住むことにした。

右／アイデアをその場で絵に起こせるように置かれた色鉛筆。左／ドライエリアからさらに一段下がった事務所。天井は板張り。

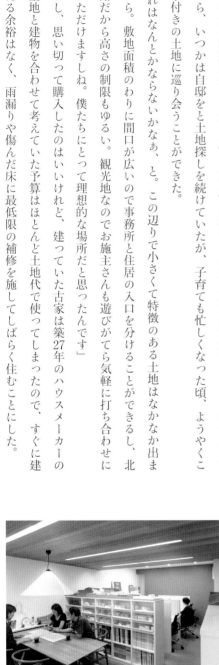

事務所の入口は白い壁面に葉陰が映る爽やかなドライエリア。階段の脇のベンチと「外トイレ」の使い勝手、居心地のよさが秀逸。

「とにかく寒い家でした。吹き抜けのトップライトから冷気が流れてくるのが目に見える気がするんですよ。巾木の隙間から出入りするアリたちにも悩まされたり（笑）」

でも、いい面もたくさんあった、と夕子さんは言う。コーナーを抜いた窓がこんなにも広がりを感じさせるということも知ったし、吹き抜けで家全体が一つになる楽しさ、2段分下がったリビングの絨毯敷きの段差がちょっとした居場所になることも実感した。そして、いちばん大きな収穫だったのは、納戸にしていた屋根裏部屋の低い横長の窓から覗いた景色。それらは皆、現在の家の設計に生かされている。

未来の可能性を想定して、家を建てる

古家で暮らし始めて1年も過ぎた頃、東日本大震災が起こった。激しい揺れで事務所が入っていたビルが半壊状態となって移転せざるを得なくなっただけでなく、震災の後しばらくは新規の依頼も途絶えた。おまけに、その夏の台風で、傷みが進んでいた屋根の破風板が飛んで隣の家に落ちてしまった。

人生のヤマ場である。土地のローンもあるし、事務所の賃料もある。ふつうだったら、この難局をどう耐えるか、という話になるが、正年さんは「こうなったら逆に、今、建てなきゃ」と考えた。「今はまだ震災前の仕事が続いているからいいけれど、新規の依頼がなくなれば数年は仕事が停滞するわけですから。銀行から融資を受けるなら今しかない。それで僕の両親にも相談してみたんです。親のすねはかじるものでしょう？（笑）」。肝が据わっている。というか、恐ろしいほどに楽天的である。

ここは風致地区で外壁後退の必要があり、建てられる面積が小さいから層を重ねるしかない。

右／緑に囲まれた自宅ガレージは、椅子を出して本を読んだり燻製をつくったりする貴重な外空間。愛車のベスパ2台もここに。
左／夫妻が今、夢中なのはメダカ。石鉢は環境がいいのか大きく育ち、ここで越冬もするそうだ。

吹き抜け下に広がるリビングダイニング。すぐ近くに緑が感じられるようテラスの窓際に鉢植えを置いた。

そこで、地下を事務所にし、1階はゲストルームとして、2階と3階を自宅とすることにした。「ゲストルームは、将来もしかしたら両親が住むかもしれない。その後、今度は僕たちが1階に住んで、息子世帯が上に住むかもしれないし、その時にもし設計事務所を続けていなかったら地下を賃貸にしてもいい」。時間の流れでいろんな可能性を考えておくのが大事、と正年さんは言う。

ゲストルームは水回り完備で玄関も別にあるので、完璧に独立した住戸の感覚だ。「ほら、リビングの隣に引き戸で仕切られた客間があって『泊まっていって』って言われても気を遣うでしょう。朝食の支度をする音が聞こえてきたりして。お客さんもそうだけど、招く側にも自分たちのリズムがあるから、ワイワイやった後に『じゃ、おやすみ』って、戻る場所があるとお互いすごく楽だと思うんですよ」。ここは、ご両親や友人が遊びに来る以外にも、忙しい時にスタッフが泊まったり、遠方のお施主さんが泊まりがけで打ち合わせに来る時に活用されている。また、正年さんがオンラインで大学などのレクチャーをするスペースとしても活躍しているそうだ。

自宅玄関から急な階段をくぐり抜けるように上がると、一気に開放的な2階のリビングに出る。コーナーを抜いて端から端まで水平に連続させた窓の向こうには、スカイツリーまで見渡せる見事な眺望が広がる。かと思うと、コックピットのようなキッチンがダイニングの奥に隠れていたりして、思い切り緩急の差をつけてあるところが面白い。バックヤードは総じてキュッとしている。寝室までほんの数歩の廊下はユーティリティを兼ねており、突き当たりの洗面室の窓に向かって視線や風が抜ける通り道にもなっている。「小さな家では、できるだけ単一機能の場所はつくらない」というのが八島流である。

右／右側がゲストルームの玄関。左側が自宅の玄関。左／自宅のガレージ脇を入っていくと南側の敷地の隙間に細長い庭。

上／当初はダイニングを分ける案もあったが、食事とくつろぎを兼ねたソファーコーナーに。テーブルがスライドするので人の出入りも楽。下右／キッチンのコーナーを抜くことで広がりが得られた。下左／寝室の一角には小さな書斎スペースを造作。

前の家の納戸から覗いた魅力的な景色が現在のリビングダイニングの場所を決めた。東から朝陽が射し、南東方向に遠く房総半島を望む。

リビングの吹き抜けで圧倒的な存在感を放つ満月のような灯りは、ソファに座ってみると、頭上に適度な落ち着きをもたらしてくれていることに気づく。その灯りの向こうに見え隠れするのは、吹き抜けでつながる子供部屋の開口。絨毯敷きの階段もまた、さりげない居場所をつくる装置だ。2段目の踊り場は隅っこに座って考えごとをするのに最適の場所で、屋上に続く踊り場は「どこからも見えないけれど階下の家族の会話だけが聞こえる密やかな場所」であり、ピアノ室であり、読書室でもある。

住み手が誰であっても、
心地よさの基本は変わらない

「ここは家の中の景色がいいのよね」と、生前1ヶ月だけ同居された夕子さんのお母様が仰ったそうだ。

上右／キッチンはリビング側にあまり開かず、あえて小窓を設けるだけにした。上左／ふだんの食器はほとんど窓辺のカウンター収納に。下／キッチンの開口が小さい分、調理器具の収納場所として壁面が活用できる。

上／寝室はベッドだけでいっぱいだが、コーナーを抜いた出窓があるので圧迫感がない。下右／廊下の突き当たりは洗面脱衣室。左手の収納扉に洗濯機が収まっている。下左／階段上の踊り場は多目的スペース。正面の「茶道口」の奥には、小さくも贅沢な和室「たわらや」があるのだが、時に物置に変身するため非公開。

勾配屋根の下は
空色の秘密基地

屋根裏のワクワク感溢れる子供部屋。吹き抜けに面した開口から階下の両親の会話が聞こえてくる。板戸をひくとしっかり閉じた個室になる。

「窓からの眺め」ではなくて「家の中の景色」と。すでに体調を崩されていて1階のゲストルームで一人自由に暮らすのは無理だったけれど、2階の寝室で過ごし、気分のいい時だけ車椅子でリビングまで出て来られた。

「家を建てる時、とても大変な状況だったのに、事務所も一緒にして、ゲストルームもつくって、『お義母さんもいざとなったら一緒に住めばいいじゃない』って言ってくれたのがすごく嬉しくて」と夕子さん。「あの時、私の感覚では、『ノアの方舟』みたいなイメージがありました。この先はこういう風になるかもしれないね、って考えながらつくっていく……なんというか、希望があるな、って思えた。あぁ、いいね、私たちの家っていうのはこういう風でいいよね、って」静かな言葉が心

 視界を遮るものが何もない、L字に開かれたダイニング。ウェグナーの伸長式のテーブルは新婚の頃からずっと使っているお気に入り。

に響く。

実は、数年前、この本の打ち合わせの際に、地下の事務所には来たことがあった。でも、その時に自宅を拝見するのはあえてやめておいたのだ。なぜなら、八島さんたちのエッセンスが凝縮されているに違いない「建築家の自邸」を先に見てしまったら、これから伺うそれぞれの家で受ける感動が薄れてしまうのではないか、と案じたからだ。

しかし、最後の1軒として訪れたこの家は、誰の人生にもある山や谷を同じように乗り越えて生きる、ふつうの夫婦の実直な家だった。これまで拝見してきたお宅となんら温度差のない、いつもの「八島さんたちの家」だった。「僕たちはどの家もこういう考え方なんです」と正年さん。「逆に言えば、お施主さんの家を設計する時も、自分だったらこう住みたい、って考えを重ねていきますから」と夕子さん。「条件に違いはあっても、その敷地で何ができるか、こういう風にしたら気持ちいいんじゃないかという基本的なところは、誰が住み手であってもあんまり変わらないと思う」そう二人は言う。

人が住まいに求めるものは実はとてもシンプルで、きっと時代が変化しても変わらないものなんだろう。遠出をしなくても、猫の額ほどの庭の手入れで土と緑に触れるのはいつでも楽しいし、冬になると窓辺には餌をねだりにシジュウカラやヒヨドリが来てくれる。メダカの鉢が並ぶ駐車場に椅子を出して本を読んだり、燻製をつくったりすることもできる。この先も自然の厄災を含めていろんなことが起きるだろうけど、この家なら、その時々で日常の小さな喜びを見つけていけるに違いない。

ふいに、まだ独立したての八島さんたちにお会いした時のことを思い出した。海辺の保育園に案内されて、穴蔵のような「ファンタジアの家」に身をよじって滑り込んだ時の、湧き上がるような楽しさと、子供のような正年さんの笑顔。八島夫妻の建築へのまなざしはあの時と変わらない。帰りがけに振り返ると、街並みの記憶として古家のイメージを引き継いだという真っ白な三角屋根が、風をはらんだ舟の帆のように思えた。

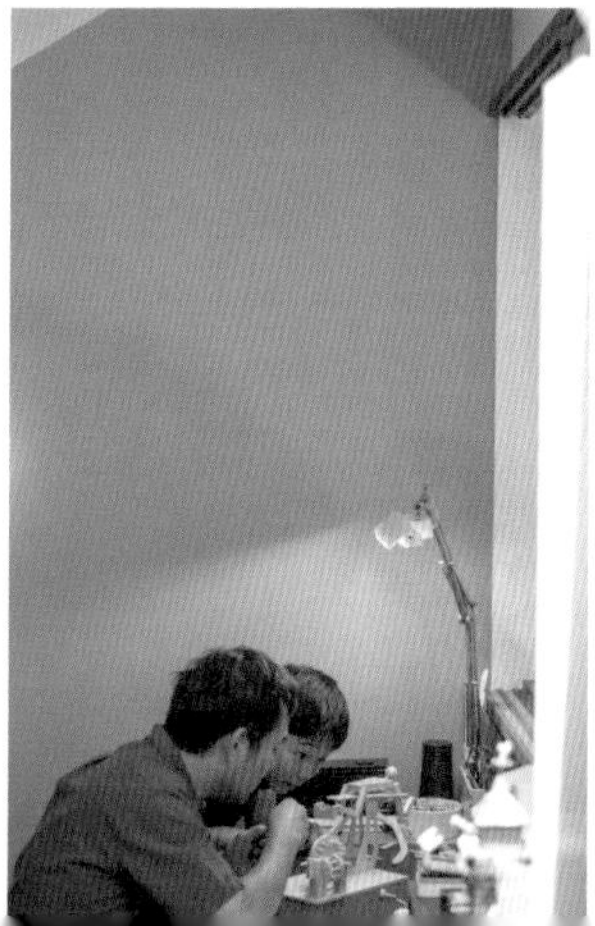

右／屋上のテラスには料理に使うハーブがたくさん植わっている。左／秘密基地で夢中になって遊ぶ男の子が二人。

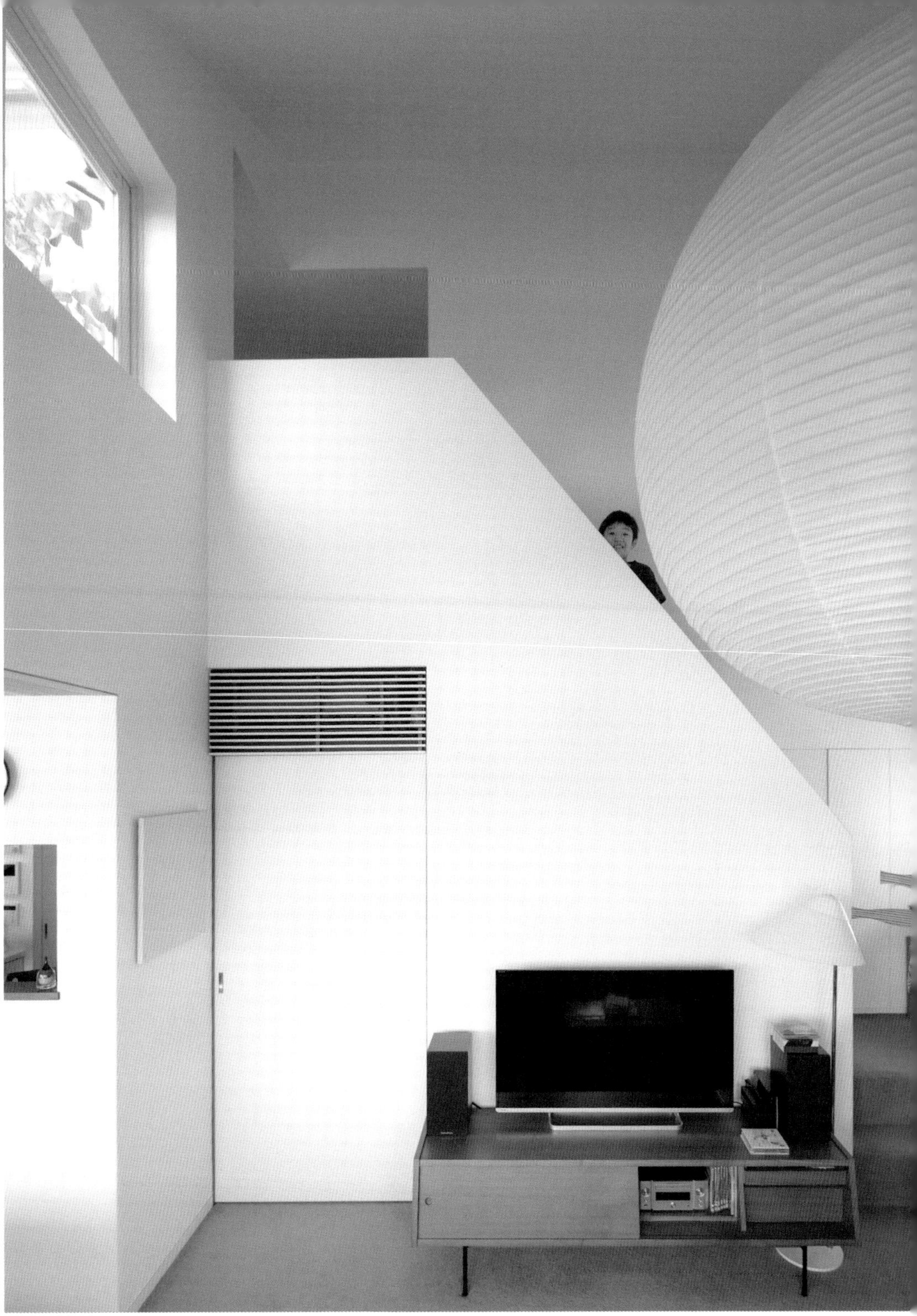

階段下の引き戸がリビングの入口。「テレビは部屋に入ってきた時にすぐに目に入らない場所に置くほうがいい」と八島さん。

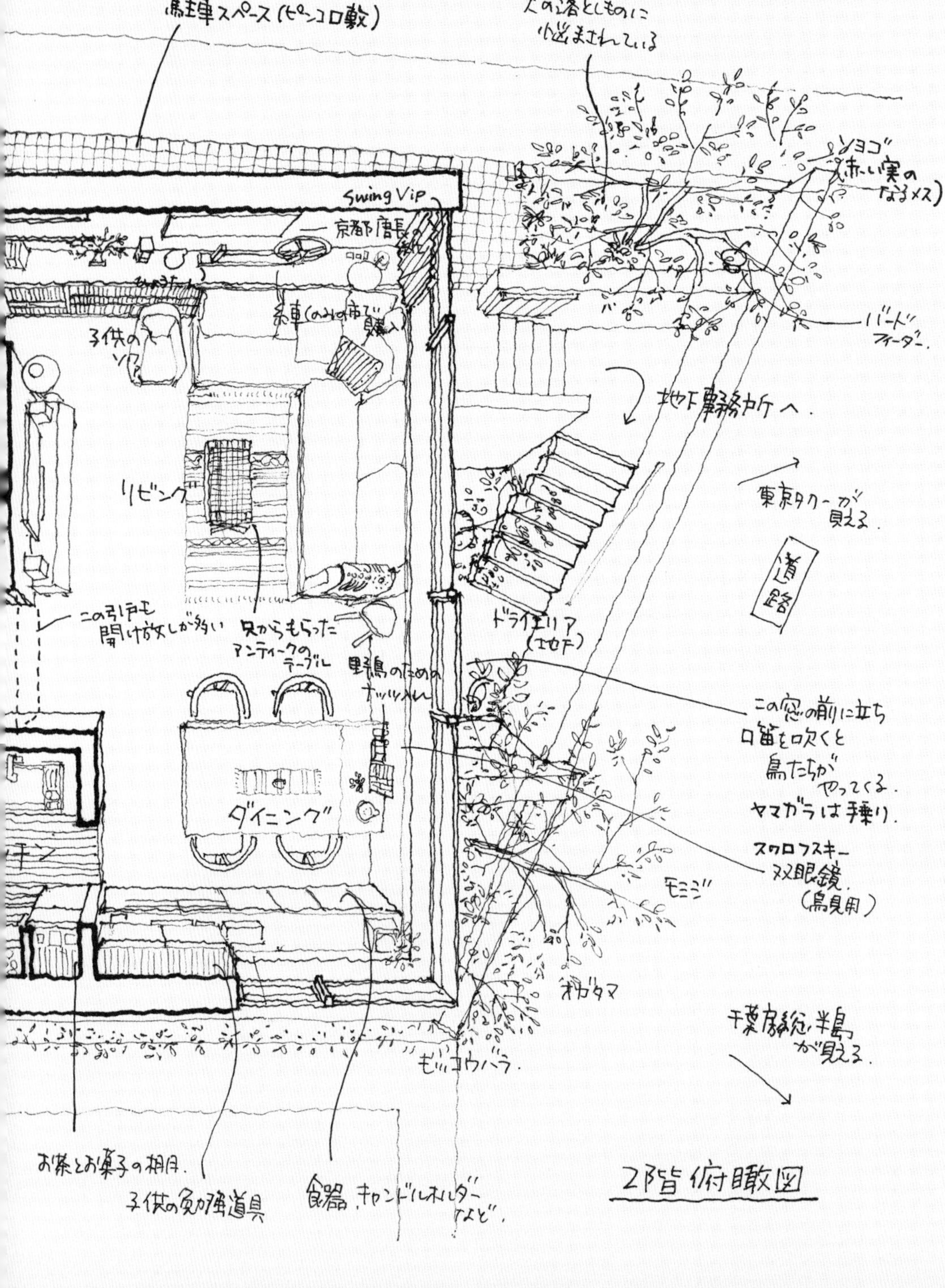
駐車スペース（ピンコロ敷）
犬の落としものに悩まされている
ソヨゴ（赤い実のなるメス）
Swing Vip
京都唐長の紙
絨毯（のみの市で購入）
子供のソファ
バードフィーダー
地下事務所へ
東京タワーが見える
道路
リビング
この引戸も開け放しが多い
兄からもらったアンティークのテーブル
ドライエリア
野鳥のためのナッツ入れ
この窓の前に立ち口笛を吹くと鳥たちがやってくる。ヤマガラは手乗り。
スワロフスキー双眼鏡（鳥見用）
ダイニング
モミジ
オガタマ
モッコウバラ
千葉房総半島が見える
お茶とお菓子の棚
子供の勉強道具
食器、キャンドルホルダーなど
2階俯瞰図

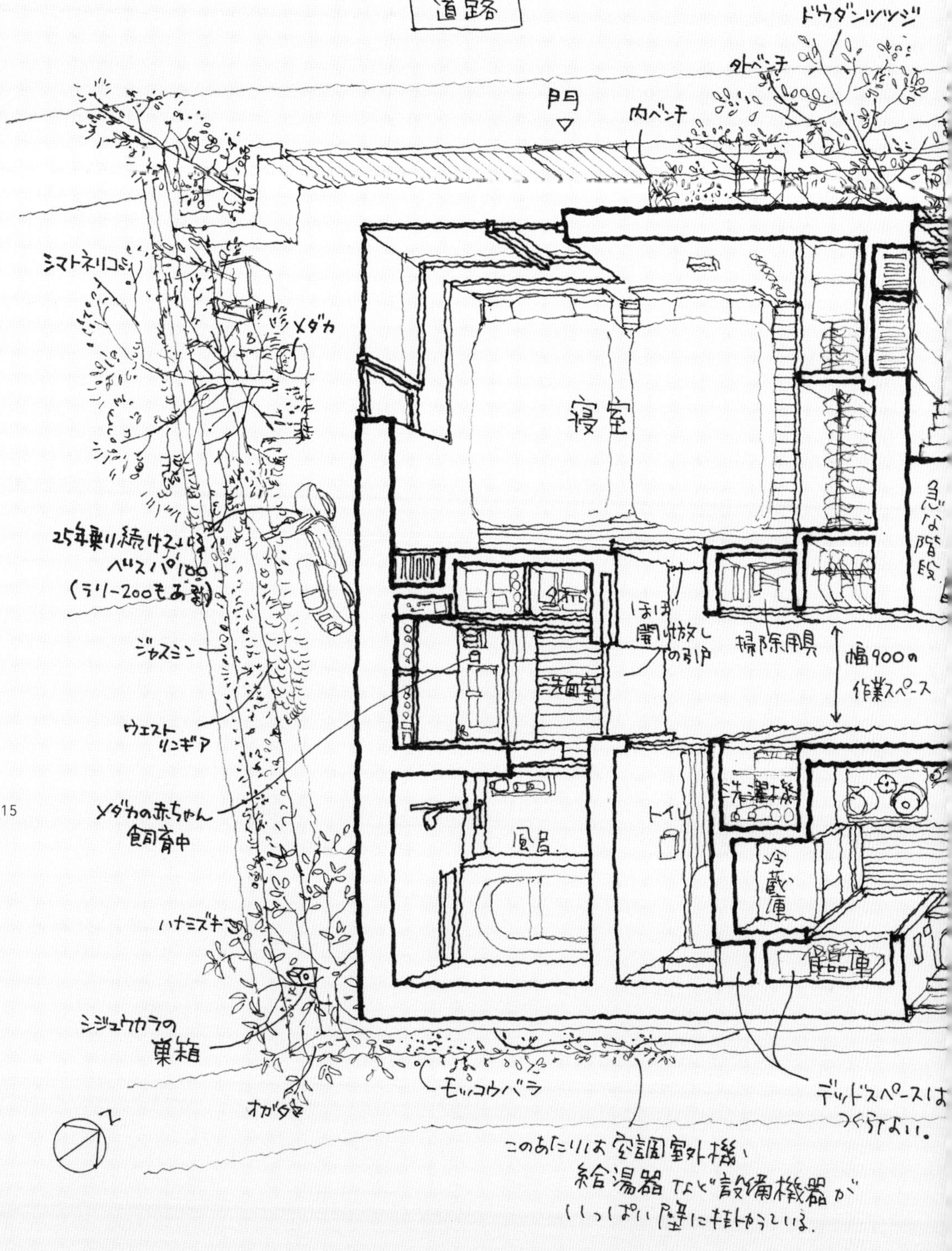
道路
ドウダンツツジ
外ベンチ
門
内ベンチ
シマトネリコ
メダカ
寝室
急な階段
25年乗り続けているベスパ100
(ラリー200もある)
ほぼ開け放しの引戸
掃除用具
幅900の作業スペース
ジャスミン
洗面室
ウエストリンギア
メダカの赤ちゃん飼育中
洗濯機
トイレ
風呂
冷蔵庫
ハナミズキ
食品庫
シジュウカラの巣箱
モッコウバラ
デッドスペースはつくらない。
オガタマ
このあたりは空調室外機、給湯器など設備機器がいっぱい壁に掛かっている。

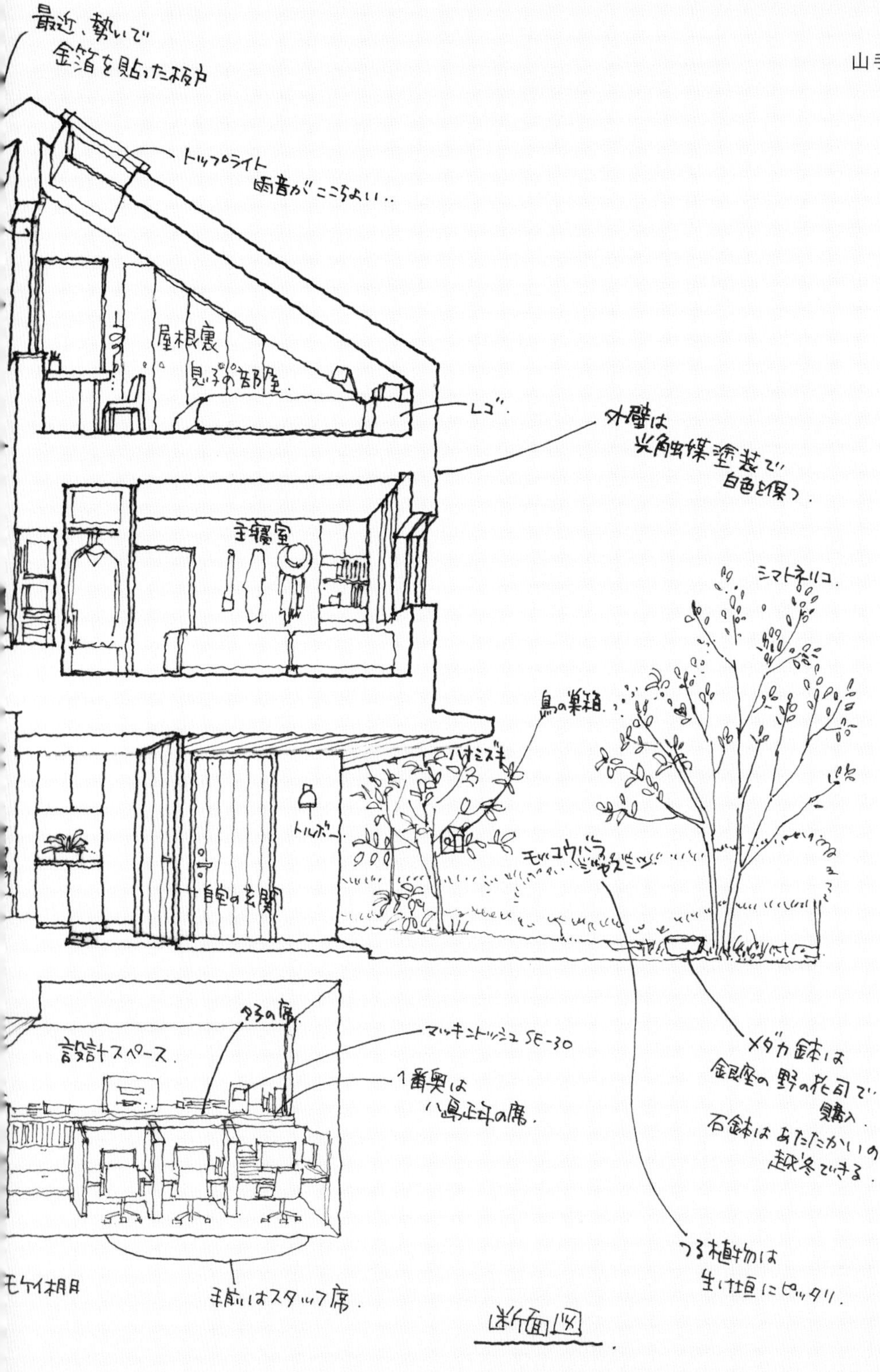
最近、勢いで
金箔を貼った板戸
トップライト
雨音がここちよい…
屋根裏
息子の部屋
レゴ
外壁は
光触媒塗装で
白色を保つ
主寝室
シマトネリコ
鳥の巣箱
ハナミズキ
トルボー
モッコウバラ
ジャスミン
自宅の玄関
マッキントッシュ SE-30
設計スペース
1番奥は
八島正年の席
メダカ鉢は
銀座の野の花司で
購入
石鉢はあたたかいので
越冬できる
モケイ棚
手前はスタッフ席
つる植物は
生け垣にピッタリ
断面図

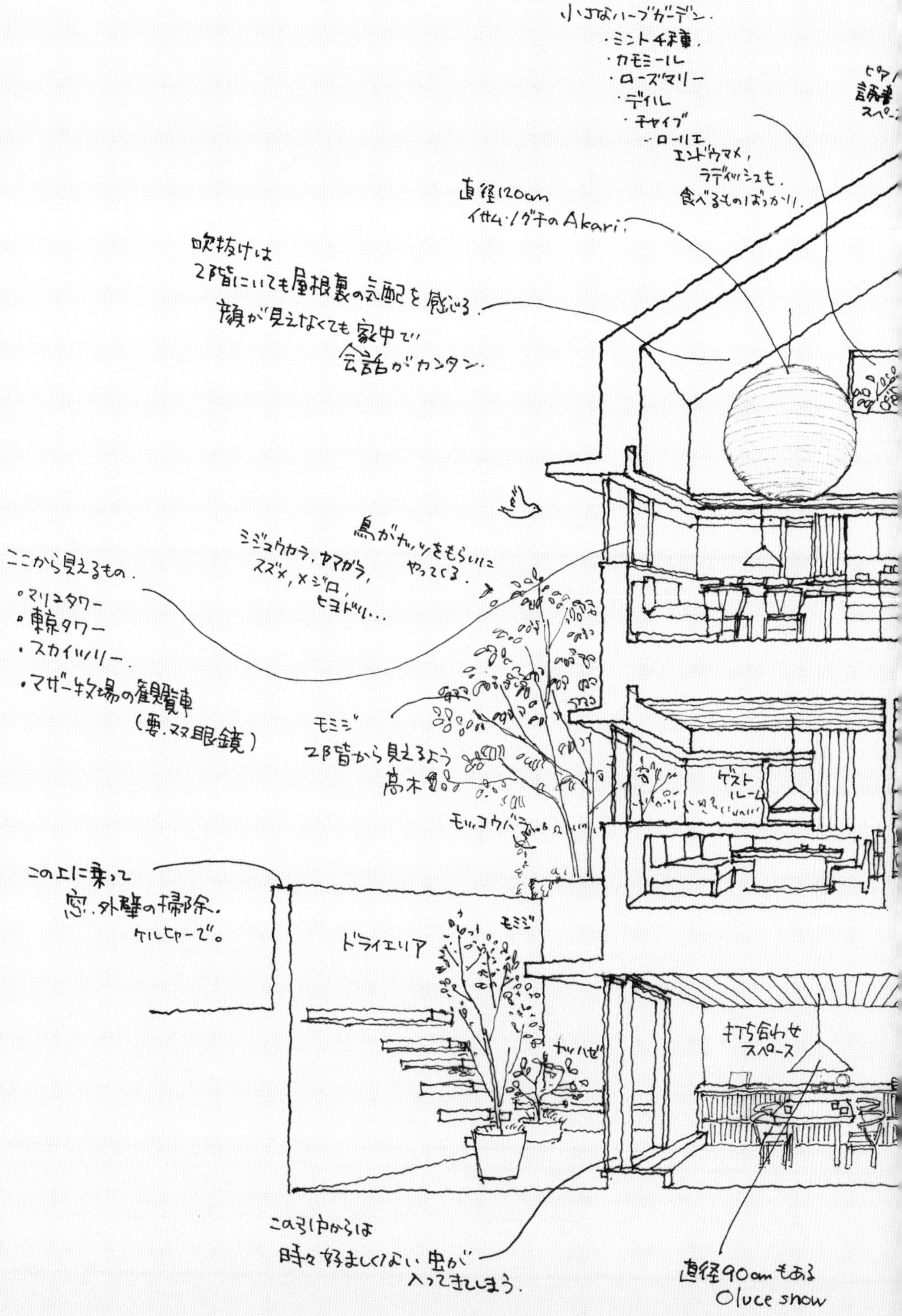

小さなハーブガーデン。
・ミント4種、
・カモミール
・ローズマリー
・ディル
・チャイブ
・ローリエ
エンドウマメ、
ラディッシュも。
食べるものばっかり。
直径120cm
イサム・ノグチのAkari。
吹抜けは
2階にいても屋根裏の気配を感じる。
顔が見えなくても家中で
会話がカンタン。
鳥がナッツをもらいに
やってくる。
シジュウカラ、ヤマガラ、
スズメ、メジロ、
ヒヨドリ…
ここから見えるもの。
・マリンタワー
・東京タワー
・スカイツリー
・マザー牧場の観覧車
（要、双眼鏡）
モミジ
2階から見えるよう
高木に
モッコウバラ
ゲストルーム
この上に乗って
窓、外壁の掃除。
ケルヒャーで。
ドライエリア
モミジ
ナツハゼ
打ち合わせ
スペース
この引戸からは
時々好ましくない虫が
入ってきてしまう。
直径90cmもある
Oluce snow

暮らしながら働く

［山手町の家］は私たち家族の自宅兼事務所である。敷地は観光地に近い場所であるが、建築協定によって環境が保たれ静かで穏やかな住宅地となっている。点在する洋館の見学など散策を楽しめることもあり、設計事務所を営むにあたっても来客が訪れやすい場所ではないかと考えた。

仕事をはじめた当初から、自分たちの暮らしと仕事を別々に捉えることはなく、設計の仕事に取り組みながら、ひとつ屋根の下で子育てを楽しみ日々を過ごすことができればどんなに素敵だろうと考えていた。

仕事場を自宅と一体で設計するにあたって気をつけたのは適度な距離感で、職住近接は便利だけれど仕事場に生活感がにじみ出ることは避けたいし、できれば家にも仕事は持ち込みたくない。しっかりとその辺りは切り替えられたほうがよいと考えた。これは当人の問題だけではなく、家族やスタッフ、来客の目線からも同様だろうと思った。そういった点から、考えたのはまず明確に領域を分けること。敷地がコンパクトだったためどうしても建物は階を重ねる必要があったので、階ごとに機能を振り分けることが自然で素直な方法と思われた。

構成としては地下に設計事務所、1階にゲストルーム、その上階を自宅としている。小さな平面に多くの要素を詰め込むことになるのだが、さすがに自邸なので、通常の設計よりもそれぞれ許容できる範囲が広い。そんなこともあってか、パズルを解くようにしながらも意外とスムーズにプランが決まった。

床面積に余裕が無い場合、検討しなければならないことは多い。設計事務所の業務は長時間のデスクワークが多いので、地下での採光と換気については頭を悩ませた。光は照明でも対応できるが、時間の経過や天候がわかり、息苦しく感じないことは働く場所として大切だと考えた。そこでドライエリアと呼ばれる屋根のない小さな屋外空間を設け、ささやかな植栽やベンチを計画することで事務所の入口としての雰囲気をつくりながら、風が抜け季節を感じられる空間とした。事務所のトイレはこの外部のドライエリアに配置しているが、これは今までの経験から小さな事務所内にトイレを設けるとスタッフや来客が使いづらいのではないかという配慮による。皆さんから驚かれつつも感動される部分となった。

1階のゲストルームと上階の自宅は共にコンパクトなつくりではあるが、リビングやキッチンなどの部屋の隅に窓を設け、外へと視線を通した。廊下や階段など人が移動する先にはできる限り窓をつくり採光と通風を取り入れ、壁には要所要所に飾り棚を設けるなどの工夫を凝らした。また、限られたスペースを有効利用するため収納する物に合わせた造り付け家具を多く設け、踊り場はピアノ室を兼ね、廊下も幅を持たせてユーティリティスペースとして併用するなど、具体的なライフスタイルを把握しているからこその設計となった。

家の玄関を出て近隣の方と挨拶をしながら数歩進むと仕事場に着く。

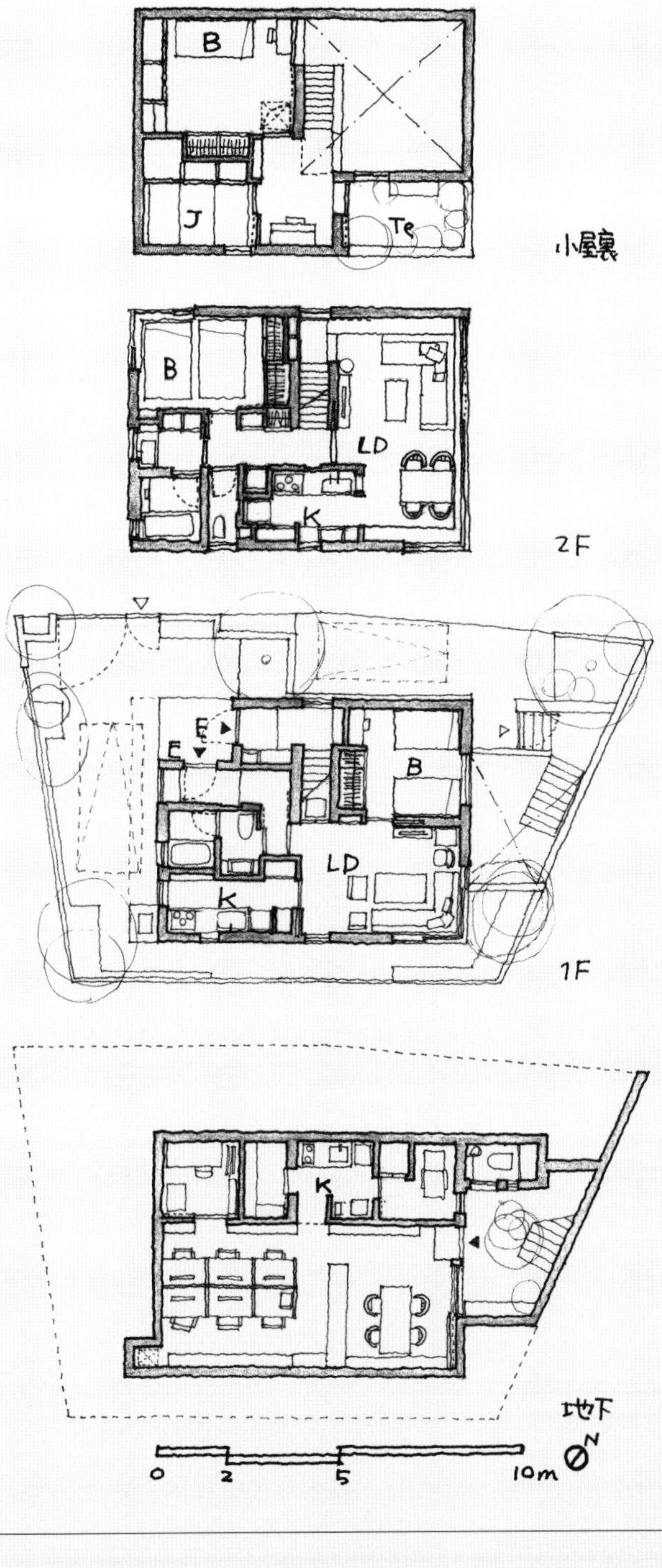

通勤というには短い距離だが、雨の日には傘をささないと濡れてしまうくらいの距離も仕事と日常生活の気分を切り替えるという意味で役立っている。在宅での仕事が普通になる時代、自分たち家族の生活様式にあった住まいができたと思う。

Yamatecho house DATA

神奈川県横浜市
主要用途　住宅 + 事務所
敷地面積　142.18㎡
延床面積　157.72㎡
　　　　　1F：45.86㎡　2F：56.25㎡
　　　　　地下：55.61㎡
竣工　　　2013 年

おわりに

　建物が完成してから数年経った後に、メンテナンスや雑誌の取材などで竣工物件へ訪れることがあるのだが、そんな時はいつも「施主の方たちが、設計依頼時に『こんな風に暮らしたい』と抱いていたイメージした通りに過ごせているだろうか」と、少し緊張する。そしていざ伺ってみて、その住まい方が素敵だったり楽しそうだったりすると、私たちも嬉しくほっとした気持ちになる。むしろ私たちの想像以上にその家が暮らしに馴染み、活き活きと彩られて変化している姿を目にすると、すでに私たちの手を離れ、新たな物語が始まっていることを改めて感慨深く思う。けれど、こうしたタイミングで伺う際には、どんな風に家を楽しまれているかなど、その暮らしぶりをじっくりと聞いてみることも味わう時間もなく、慌ただしく撤収してしまうことがほとんど。「それではまた次の機会にでもゆっくり」と、後ろ髪引かれながら帰るのだ。

　そんな時、エクスナレッジの編集の久保彩子さんから、出版のお話をいただいた。これは私たちにとっては願ってもない話だった。ただ建築の写真を美しくまとめるのではなく、今まで設計してきた「家」たちが、時を経てどうやってその家族の暮らしに馴染み「住まい」となっていったのか、施主の方たちの今現在の暮らしぶりをゆっくり伺いながら、家づくりの話を紹介できれば素敵な本になるのではないかと思った。

　施主の方たちに普段の暮らしぶりをざっくばらんに語っていただくには、設計者が聞くよりも客観的に話を引き出していただく方が良いと思い、インタビュアーを長町美和子さんにお引き受けいただいた。おかげで、家を建てたいと思った時から依頼までの紆余曲折や、設計が進む中で感じていらしたこと、実際に住んでから生活がどんな風に変わったのかなど、今更ながらにそれぞれの暮らしや想いに触れることができた。住み慣れてきた住まいの片隅で語っていただいた「これまで」と「これから」は、時にはご本人の生き方を、ある方は家族への想いを打ち明けていただき、家をつくるということを通して語られたひとつひとつの物語の内容はとても奥深いものだった。この本は私たちの事務所の作品集ではなく、そこから始まったそれぞれの暮らしを綴った物語集だと思う。主役は施主の方たちであり、私たちの仕事はその物語のきっかけであり、それを受け止める器づくりなのだと改めて感じる。

それぞれの物語のはじめに描いた絵は、ひとつひとつの住まいへの想いを表現したもの。絵を描く時は、設計をする時と同じように施主家族の暮らしを想像し、形にならない空間を色に託したりする。それからもう一つ、物語のおわりには建物の全体像が分かりやすくなるように俯瞰図（上から見下ろす立体図）を描いた。建物の中に入り動き回る想像の手助けになればと思う。図面や模型では表現しきれないもの、伝えきれないものをそれぞれの視点で感じ取っていただけると嬉しい。

最後に、この本をつくるにあたってご尽力いただいた皆様に謝辞を申し上げたい。
お忙しい中、快く取材に応じてくださった施主の皆さまに改めてお礼を申し上げます。施主の想いをゆっくり引き出し、言葉を綴っていただいたライターの長町さん、施主の日常の暮らしぶりをさりげなく撮影していただいた写真家の鍵岡龍門さん、私たちの絵や図面の仕上がりを根気よく待ってデザインしていただいた三上祥子さん、また長い間企画に寄り添い続け、『10の住まいの物語』という素敵な書名を考えていただいた編集の久保さん、本当にありがとうございました。この場を借りてお礼申し上げます。最後に、設計業務の傍ら原稿作成を手伝ってくれた所員の尾田のぞみさん、これまで事務所の設計を一緒に支えてくれた元所員の方々に感謝しています。ありがとうございました。

八島正年・八島夕子

八島　正年　　やしま　まさとし

一九六八年生まれ。一九九三年、東京藝術大学美術学部建築科卒業。一九九五年、東京藝術大学大学院美術研究科修士課程修了（益子義弘研究室）。一九九八年より、八島（旧姓・高瀬）夕子と共に八島建築設計事務所設立。一九九一年、東京藝術大学より安宅賞受賞。

八島　夕子　　やしま　ゆうこ

一九七一年生まれ。一九九五年、多摩美術大学美術学部建築科卒業。一九九七年、東京藝術大学大学院美術研究科修士課程修了（益子義弘研究室）。一九九八年より、八島正年と共に八島建築設計事務所設立。一九九五年、東京藝術大学より吉田五十八奨学基金授与。

大学院在学中から二人で設計を始め、これまでに個人住宅、集合住宅を中心に、「吉村順三建築展」会場構成や商業施設など多くの設計を手掛ける。保育施設「ファンタジアの家2」で日本建築士会連合会作品賞受賞。共著書に『彩りの家』（平凡社）、『建築家夫婦のつくる居心地のいい暮らし』（オーム社）などがある。

10の住まいの物語

二〇二一年一月二十二日　初版第一刷発行
二〇二一年三月　三十日　第二刷発行

発行者　澤井聖一
発行所　株式会社エクスナレッジ
〒一〇六-〇〇三二
東京都港区六本木七-二-二十六
https://www.xknowledge.co.jp/

問合せ先　編集　電話　〇三-三四〇三-一三八一
ファックス　〇三-三四〇三-一三四五
info@xknowledge.co.jp
販売　電話　〇三-三四〇三-一三二一
ファックス　〇三-三四〇三-一八二九

八島建築設計事務所

神奈川県横浜市中区山手町８-11-Ｂ１Ｆ
web : http://www.yashima-arch.com
mail : info@yashima-arch.com